UNE ÉPOQUE EN OR

L'Iconoclaste,
26, rue Jacob, 75006 Paris
Tél. : 01 42 17 47 80
iconoclaste@editions-iconoclaste.fr
www.editions-iconoclaste.fr

TITIOU LECOQ

UNE ÉPOQUE EN OR

L'ICONOCLASTE
ROMAN

Pour Sophie, évidemment
Et pour Nadia, Sarah, Anne-Sophie et Ariane

« Commencer par le début ? Oui, vous avez raison de me le préciser. Peut-être même que je pourrais finir par la fin. Désolée... Non, je ne prends pas les policiers pour des abrutis. Mais je vous avoue que je gère mal les rapports d'autorité.

Donc ? Je suis rentrée vers... Avant ? Ah, mais ça n'a rien à voir... Bon.

Eh bien avant, j'étais à une réunion. Les BMA. On se retrouve toutes les semaines dans une salle de yoga, pas loin du pont Saint-Jacques. Hum... Les Belles-Mères anonymes. C'est un groupe d'aide et d'écoute. Vous avez des beaux-enfants ? Alors cherchez pas, vous ne pouvez pas comprendre. Vous, oui ? Ah... Vous savez, c'est ouvert aux hommes aussi. Vous devriez venir un jour, ça peut vous aider.

Bref. Ça s'est fini à 21 heures. J'ai pris le tramway n° 2, je suis arrivée chez moi vers 21 h 15, j'imagine. Dans la rue, j'ai dit bonjour à Mourad, l'épicier. Il était en train de jouer aux échecs devant son magasin.

Je cherchais mes clés quand Valérie a ouvert la porte de l'immeuble. Cette semaine, c'était à elle de sortir les poubelles collectives. On fait ça à tour de rôle, ça coûte moins cher au proprio. Son prétexte, c'est qu'on est que trois logements dans l'immeuble.

Elle était… bah, normale. Désagréable. Paranoïaque passive-agressive. Elle râlait parce que la mairie a changé les jours de ramassage des ordures. Elle soupçonnait les éboueurs d'en profiter pour sauter des rues. Vous voyez le niveau de la meuf… Une personnalité typiquement reloue. C'était une discussion classique entre voisines. D'ailleurs, les éboueurs sont bien passés. Je les ai entendus plus tard dans la soirée. Voilà, c'est tout. Non, elle avait pas l'air perturbée. Elle était aussi pénible que d'habitude.

Son mari ? Disons qu'ils étaient bien assortis. Pas d'engueulades à ma connaissance. Lui, son truc, c'était le courrier. À chaque fois que je le croisais, il me demandait si j'avais reçu du courrier, si j'avais vu le facteur, à quelle heure. Sa théorie, c'est que la Poste n'assure plus qu'une tournée sur deux.

Pour les définir, je dirais que c'est, c'était? Elle, elle n'a rien? Et lui? Il est à l'hôpital? Oh, ça va... Vous pouvez me le dire. Grièvement blessé. OK. Donc non, rien de spécial sur eux. Personne ne venait jamais les voir. Pas de famille. Pas d'amis. Pas de vie. Je pense qu'ils n'étaient pas loin du zéro absolu de l'existence. La non-existence. Quoique, visiblement, je me trompe sur toute la ligne. Voilà. Je suis désolée mais je vois pas ce que je peux vous dire de plus.»

Cet échange s'est déroulé début janvier, un jeudi matin. En face de moi, il y avait un éminent représentant de nos forces de l'ordre qui tapait parfois des choses sur son clavier d'ordinateur et parfois pas. Après des débuts maladroits, je crois pouvoir dire que nous avons passé un moment plaisant. Son collègue, celui qui a des beaux-enfants, était à un bureau dans le coin gauche de la pièce mais se tournait sans cesse vers nous pour papoter.

De l'autre côté de la table, moi-même, Chloé Berthoul, trente-huit ans, taille moyenne, poids moyen, cheveux châtains, aucun signe distinctif hormis d'être votre humble narratrice.

Rétrospectivement, je me rends compte que j'étais loin d'imaginer à quel point ma vie allait être bouleversée en quelques semaines.

Et pourtant, cette histoire de voisins n'y serait absolument pour rien. Je peux tout de suite vous le révéler : il n'y a pas eu de retournement de situation les concernant. D'ailleurs, je ne les ai jamais revus.

J'ai été auditionnée par les services de police mais je n'étais qu'un nom dans l'enquête de proximité. J'étais cette voisine qu'on voit à la télé et qui dit « oh bah on n'aurait jamais cru ça d'eux ».

Et franchement, on n'aurait jamais cru ça d'eux.

Quant au lieu de la scène, nous sommes à Gabarny, une ville à mon image. Une ville moyenne. Le topo classique. Des traces d'occupation qui remontent au néolithique, des fondations gallo-romaines – je ne vous raconte pas l'ivresse générale le jour où on a retrouvé des bouts de thermes romains en creusant le parking du multiplexe.

Un âge d'or au Moyen Âge parce qu'on se trouvait sur une route stratégique du commerce des étoffes grâce au fleuve qui traverse la ville.

Ensuite, on décline en douceur. Au XIXe siècle, Gabarny participe tout de même à l'excitation des révolutions industrielles et sa rive gauche se couvre d'usines spécialisées dans le textile et la chapellerie.

On connaît la suite, on l'a vue à la télé. Délocalisation, manifs, grèves, chômage, boutiques de fringues fabriquées en Asie qui s'installent dans le centre-ville et, depuis quelques années, fermeture de ces mêmes boutiques. Gabarny continue de vivre sans éclat, au rythme de l'ouverture d'un atelier du fromage, d'une onglerie ou d'un magasin de CBD.

On n'est pas particulièrement bien ici, mais on se console en pensant que c'est sans doute pire ailleurs.

Depuis un an et demi, on habitait avec Greg au troisième étage d'un petit immeuble sans charme dans l'ancien quartier ouvrier de la ville.

Appelez-moi mademoiselle gentrification si vous voulez ; en réalité, ma mère – et avant elle ma grand-mère – a passé son enfance ici. À ma naissance, elle a déménagé cartons et couffin vers la cathédrale. J'ai été la première de la famille à grandir avec la bourgeoisie de la ville. Vous n'imaginez pas l'expression de déception sur le visage de ma mère quand je lui ai annoncé que, Greg et moi, on avait signé un bail pour un appart dans le quartier qu'elle avait fui. Parfois, j'ai l'impression que notre relation ne s'en est jamais totalement remise.

Quand je suis sortie du commissariat, il était 11 heures du matin. Pour un mois de janvier, il faisait doux et moche. Vent tiède, lumière blanche, trottoirs gris.

J'ai levé les yeux vers le clocher de la cathédrale, un bel exemple d'architecture gothique auquel Viollet-le-Duc, de passage par ici au XIXe siècle, n'avait pas pu s'empêcher d'ajouter quatre gargouilles.

Même l'église avait l'air de trouver cette journée plus déprimante que les huit siècles précédents. Par l'effet du dérèglement climatique, on aurait pu croire que la France serait noyée sous le soleil. Chez nous, ça donne juste une lumière merdique et des pénuries d'eau.

J'ai reçu un message de Damien, mon meilleur ami. « Alors ça va ? Les flics ? » Je lui ai répondu :

« Je les ai fait rire. » « J'ai toujours dit que t'avais un humour de merde. »

C'était bientôt l'heure du déjeuner – à une heure près. J'ai décidé de m'arrêter en chemin au Bouliste, le bar dont Greg était le gérant depuis quelques semaines. J'ai pris un bus jusqu'à l'arrêt Gallieni.

Le marché venait de fermer. La rue était dégueulasse, des sacs plastique et des papiers gras traînaient partout, balayés par le vent jusqu'à ce qu'un poteau les bloque. Des tourbillons d'emballages abandonnés. Ça m'a déclenché une poussée d'angoisse écologique. Comme si ce sachet de douze Pitch au chocolat qui dansait sur le bitume allait, à lui tout seul, précipiter la perte de la moitié de la biosphère.

J'ai détourné les yeux et j'ai continué d'avancer. Finalement, comme je n'ai aucune volonté, je suis revenue en arrière et j'ai attrapé le sachet du bout des doigts pour aller le fourrer dans une poubelle. J'ai fait un salut imaginaire à la tortue marine que je venais de sauver d'une occlusion intestinale.

J'ai aussi calculé que ce serait sans doute la seule bonne action de ma journée ce qui, d'un point de vue soit chrétien, soit karmique, était vraiment peu. Quand j'étais petite, je dévorais les histoires de la comtesse de Ségur. L'un des charmes de ces lectures, outre l'aspect sadique et sensuel des violences physiques, c'est que tout y était simple et manichéen. Pour être quelqu'un de bien, il suffisait d'accomplir de bonnes actions.

Peut-être que c'est ce qui manquait à ma vie ? Peut-être que je devrais imiter Camille de Fleurville et essayer d'accomplir une bonne action par jour. « Comme disait Jésus, à chaque jour suffit son paquet de Pitch ramassé. »

J'ai poussé la porte du Bouliste en repensant à Valérie, la voisine obsédée des poubelles.

Mais revenons en arrière. Le lundi soir, j'avais donc croisé Valérie en compagnie de nos poubelles. Le lendemain, le mardi, je rentrais de l'école avec mon fils et ma belle-fille, respectivement âgés de six et neuf ans.

Un attroupement s'était formé dans notre rue. J'ai ralenti pour éviter aux enfants un spectacle traumatisant du type accident de la circulation. Il y avait le bruit d'une sirène qui approchait, une étrange agitation. Le pharmacien a déboulé en panique, il a demandé : « C'est un attentat ? »

Quelqu'un a dit que non, c'était un mec qui avait trucidé sa meuf. Une ado a répondu : « Alors oui, c'est du terrorisme, du terrorisme patriarcal. » Une femme en tenue de running a affirmé : « Pas du tout, c'est un règlement de comptes entre bandes.» En moins de vingt secondes, on avait balayé le spectre attentat, règlement de comptes, féminicide. La France, un pays qui va vraiment bien, une nation joyeuse, toujours prête pour le meilleur de ce que peut lui offrir la vie.

Je me suis faufilée et j'ai compris que le cordon de police bloquait l'accès à mon immeuble.

Colette, ma belle-fille, a essayé de se dégager pour s'approcher. Si elle entrevoyait une goutte de sang, ça allait me retomber dessus. J'ai anticipé, je l'ai tirée en arrière et elle a poussé un cri qui laissait croire que je venais de lui déboîter l'épaule. J'ai senti ce subtil mélange de culpabilité et d'agacement qu'elle avait le don de faire naître en moi.

Le policier à qui j'ai demandé si on pouvait rentrer chez nous m'a dit qu'il fallait attendre, qu'une opération était en cours. Je ne savais pas quoi faire. Heureusement, mon téléphone a sonné, c'était mon amie Éva qui sortait de l'école.

J'ai fait demi-tour, un enfant bien serré dans chaque main, et on l'a rejointe devant la pharmacie. Elle n'arrêtait pas de s'ébouriffer les cheveux, coupés à la garçonne, signe qu'elle était fatiguée.

En attendant que la situation s'apaise, on s'est posées au Tournesol, le café qui fait l'angle. On buvait nos verres de vin, j'avais filé mon téléphone aux enfants, et Hakim, le serveur, nous a expliqué que Valérie et Stéphane, mes voisins du deuxième étage dont la vie ressemblait à une flaque d'huile, avaient été victimes d'une prise d'otage. Un type armé avait attendu qu'ils sortent de l'immeuble pour les braquer en pleine rue.

On était déjà très haut dans l'échelle de l'incroyable. Mais en prime, Hakim a affirmé que mes voisins étaient des escrocs recherchés par la police. Ils avaient monté une arnaque à la maison de campagne. Une tombola pour laquelle on achetait un ticket 10 euros et on pouvait gagner une résidence secondaire.

« Attends, tu parles de mes voisins Valérie et Stéphane ?

– Oui ! Et donc, le mec qui a gagné la maison, il vient d'en être expulsé parce que Stéphane ne l'avait pas vraiment achetée. Il a gardé la thune de la tombola et il a disparu avec. Et le gagnant l'a retrouvé et a débarqué cet aprèm. Il paraît qu'il criait "ma maison ou le fric !".

– Mais… Stéphane n'avait pas disparu. Ils habitent là depuis des années. »

Je ne voulais pas y croire. Mon esprit était arc-bouté contre la possibilité que mes voisins aient été les héros d'aventures aussi rocambolesques. Je le vivais comme une trahison de leur part.

Hakim a soupiré.

« L'arnaque, c'était dans le Sud, vers Montélimar. Sous une fausse identité. Et pendant ce temps, ils vivaient ici pépères.

– Pourquoi ils auraient vécu ici, dans cet immeuble sans intérêt, s'ils avaient volé tellement d'argent ? »

Il a eu l'air embêté, moins par mon argument que par le fait que je lui gâche ce qui était sans doute l'histoire la plus palpitante du quartier depuis trente ans.

J'ai avalé une gorgée de vin rouge en sentant que ce liquide me voulait du mal. Cette piquette avait pour objectif de me déclencher une migraine. Mais j'avais besoin de boire pour assimiler tout ça. Comment imaginer des gens aussi quelconques que Valérie et Stéphane en Madoff de la tombola ? Jusque-là, je pensais que le climax de leur vie avait été une opération de l'appendicite. Remarquez, lui, avec sa tête de gland, il ne devait pas avoir de mal à inspirer confiance. Qui se méfie d'un gland ?

Colette, ma belle-fille, a fini par se désintéresser de mon téléphone. Elle voulait savoir ce qui se passait.

« Eh bien, heu, c'est compliqué. En fait, on sait pas trop. »

Éva a levé les yeux au ciel. Elle est instit à la maternelle du quartier. Elle m'a lancé un péremptoire :

« Nulle, ton explication est nulle. »

J'ai repris :

« Eh bien, les voisins du deuxième ont menti à des gens qui ne sont pas contents et ont voulu se venger. Alors on a appelé la police et maintenant on attend que tout le monde se calme pour rentrer chez nous. »

Ce n'était toujours pas formidable, mais ce verre de vin maléfique bu à jeun n'arrangeait rien. De toute façon, je ne serai jamais au niveau d'Éva. C'est dommage que, de nous deux, ce soit moi qui aie décidé d'avoir des enfants alors que je ne sais pas m'y prendre avec eux.

Notre amitié avait commencé quand Colette était en petite section. C'était ma première année avec Greg, je nourrissais encore de vains espoirs sur la beau-parentalité, et j'avais jugé qu'entretenir de bons rapports avec la maîtresse me permettrait de montrer à Colette que j'étais une belle-mère impliquée dans sa vie, et pas exclusivement intéressée par le pénis de son père.

Je parlais donc souvent avec Éva le matin ou le soir, puisque je me coltinais la corvée d'aller chercher l'enfant à l'école. Son père, vous comprenez, il travaillait. (Si vous vous posez la question, moi aussi j'ai un travail.) Je me rêvais en belle-mère idéale d'une famille formidable dont les membres riaient aux éclats autour d'une pile de pancakes.

Avec le recul, je soupçonne qu'aucun scénariste des séries des années 1990 n'avait croisé la route d'une vraie famille recomposée.

Très vite, on s'était rapprochées, Éva et moi. Quand j'étais gamine, mes maîtresses étaient de vieilles dames à l'air compassé. Je me disais que Colette était chanceuse d'avoir une instit qui portait un jean et un blouson en cuir.

Éva pesait quarante kilos avec la carrure d'un oisillon tombé du nid et elle était pourtant la personne la plus solide que je connaissais. Son seul point faible était une histoire d'amour et de rupture qu'elle traînait depuis trois ans. Et encore, elle venait d'y mettre un terme annoncé comme définitif. Ce que j'admirais le plus chez elle, c'est qu'elle était toujours en pleine maîtrise, elle ne semblait rien subir.

Par exemple, elle m'avait déclaré: «Je serai prof dix ans. Pas une année de plus.» Elle n'avait aucune idée de ce qu'elle ferait ensuite, mais elle avait circonscrit cet épisode de sa vie. «Tu sais, Quentin Tarantino, quand il a commencé sa carrière de réalisateur, il a dit qu'il ferait dix films. Ça lui permet d'être sûr qu'il ne fera que des films importants. C'est pareil pour moi. Encore trois ans et j'arrête. J'aurai eu dix classes. En fait non, parce que certaines années je suis affectée sur plusieurs établissements. Mais bon, tu vois l'idée.»

Et effectivement, c'était une enseignante extraordinaire, hyper-investie. Malheureusement, elle avait refusé d'avoir Raoul comme élève. Il semblerait qu'il existe un code moral selon lequel il ne faut jamais avoir vu sa maîtresse tenter de twerker sur une table au Nouvel An.

Après avoir fini nos verres de vin, je suis retournée avec les enfants devant l'immeuble. Les policiers étaient en train de remballer. Le pharmacien était dehors, encore tremblant. Lui, il n'était clairement pas prêt pour la fin du monde, quand il faudrait se battre pour survivre dans un environnement hostile. Il m'a regardée avec des yeux écarquillés. C'était bizarre de voir un quinquagénaire apeuré.

« Votre voisin s'est fait tirer dessus, ils l'ont emmené à l'hôpital, le tireur a été arrêté, et Valérie, je sais pas, je crois qu'ils l'ont emmenée aussi. Quelle histoire… Mais quelle histoire… »

J'étais désolée pour lui, je l'aimais bien ce pharmacien. Ce soir, il allait rentrer chez lui et dire à sa famille que la société était de plus en plus violente.

Alors que bon, on parlait de Valérie et Stéphane.

On a enfin pu réintégrer nos pénates. Greg était au boulot. Il a des horaires que nous qualifierons pudiquement de totalement à chier. Il fait trois fermetures par semaine, ce qui signifie trois soirs où il rentre à 2 heures du matin. Autant dire que, depuis un moment, l'idée même de l'attendre a été enterrée. Ce soir-là, il était justement de fermeture. Je gérais donc seule les enfants et le dîner.

J'ai balancé des raviolis dans une casserole d'eau bouillante et j'ai mis le minuteur sur quatre.

L'absence des voisins me perturbait. J'avais l'habitude d'entendre le son étouffé de leur poste de télé. J'ai appelé Colette et Raoul. La configuration de l'appartement fait de la table le centre de nos interactions. La cuisine étant ouverte sur le salon, la table se trouve pile entre ces deux espaces. C'est là qu'on mange, qu'on discute, qu'on travaille, qu'on dessine, qu'on fait des jeux de société.

J'ai été très tentée de dire aux enfants que, dans ces circonstances exceptionnelles, il paraissait évident que les devoirs scolaires étaient optionnels. Malheureusement, ma conscience m'a forcée à me raviser. (C'est sans doute la même qui me pousse à ramasser à main nue un emballage plastique potentiellement infecté par la peste.)

Coup de chance, Raoul n'avait qu'une liste de mots simples à lire à haute voix et Colette quatre multiplications à poser.

Quand j'ai couché Colette, en lui passant la main dans les cheveux – j'avais assez tôt arrêté de l'embrasser parce que j'avais compris que ça lui procurait la même sensation que si elle avait un contact physique avec un calamar mort –, elle m'a demandé : « Il l'a tué avec un couteau ? »

Il faut visualiser la scène. On est dans une chambre d'enfants. Raoul est dans le lit superposé du bas, déjà en train de dormir. Colette lit dans le couchage du dessus. Je suis venue éteindre sa lumière. On est dans la pénombre, il y a une veilleuse manège qui projette des étoiles au plafond, la gamine a un pyjama en pilou-pilou licorne, elle est blottie sous sa couette et elle veut savoir si un couteau a été enfoncé dans le corps du monsieur du deuxième étage. Les enfants sont des détraqués.

J'ai répondu : « Heu… non. Avec une arme à feu. Et il n'est pas mort. – Ah… » Elle a eu l'air déçue. Je suis certaine qu'elle a glissé dans le sommeil en se demandant si elle arriverait à m'égorger avec son couteau de cantine. Cette histoire lui avait ouvert des horizons insoupçonnables.

Vous comprenez mieux pourquoi je fréquente les BMA.

À la réunion de lundi, il y avait une nouvelle participante, une femme d'une quarantaine d'années. « Bonjour, je m'appelle Cécile et j'ai trois beaux-enfants. Trois filles. » Un frisson d'horreur a parcouru l'assemblée.

Hélène, la fondatrice du groupe, a dit : « Bonjour, Cécile, nous comprenons ta douleur. » Comme souvent, Cécile a commencé par minimiser sa souffrance : « Non mais ça va. Elles sont un peu pénibles mais je les aime. » Hélène s'est penchée, elle a posé une main empathique sur le genou de la novice et lui a murmuré d'une voix douce :

« Cécile. Tu es ici pour vider ton sac. Nous ne te jugerons jamais. Tu détestes tes belles-filles.

– Mais non. Elles sont gentilles. »

Il y a eu un rire étouffé.

« Tu peux nous parler honnêtement.

– Non non… Alice et Margaux sont adorables…

Je les aime vraiment… Mais… Enfin… Merde… Oui… Le problème c'est… Marion. C'est la grande. J'en peux plus. Elle me traite comme la dernière des merdes alors que je me coltine son linge sale, que je fais attention à prendre les céréales qu'elle préfère, et ses yaourts sans morceaux, et son shampoing spécial. Le week-end dernier, on a fait du shopping toutes les deux, c'était un bon moment, je lui ai acheté plein de fringues. Le soir, quand elle est allée se coucher, je croyais qu'elle me remercierait. Mais vous savez ce qu'elle m'a dit? Elle m'a demandé l'air innocent: "T'as beaucoup grossi, non?" »

Cécile a fondu en larmes. Elle en avait bien besoin. Trois belles-filles, je n'imaginais pas le cauchemar.

La première séance est toujours éprouvante. Ce sont des mois, parfois des années de refoulements émotionnels qui se brisent. D'abord parce qu'on ne dit pas de mal d'un enfant. Ça ne se fait pas. Dans notre société, les enfants sont tous des merveilles issues du sein de mère nature la bienfaitrice. Un enfant ne peut pas être un sale con. Et attention, la notion d'enfant est extrêmement élastique, ça peut aller jusqu'à vingt-cinq ans cette histoire. Parfois même trente.

Ensuite, parce qu'on évite encore plus de dire à son compagnon du mal de ses enfants. (À la question « y a-t-il des belles-mères lesbiennes ? », j'imagine que ça existe mais aucune n'a franchi le seuil du club des Belles-Mères anonymes de Gabarny.)

Aux BMA, il y a aussi un ou deux beaux-pères, mais qui ne restent jamais longtemps. Ils ne quittent pas le club. Ils quittent leur meuf.

Les belles-mères, en revanche, elles s'accrochent comme des morpions, au désarroi de leurs beaux-enfants ; elles sont agrippées telles des moules sur leur rocher bravant les tempêtes et les assiettes sales.

Elles souffrent. Mais elles pensent toujours que c'est de leur faute si ça se passe mal. L'enfant est pur et innocent. Il n'est qu'une victime dans une histoire qui le dépasse. À la belle-mère de prendre sur elle en silence.

Pourtant, d'après mon expérience, je peux vous le dire, les enfants sont chiants. Soyons plus précise : tous les enfants ont des périodes reloues ou, si vous préférez, tous les enfants connaissent un apprentissage par étapes du contrôle émotionnel.

Un enfant sage et calme, c'est potentiellement un futur psychopathe. Or les parents, on les autorise à craquer, parfois même à crier sur leurs gamins quand ils n'en peuvent plus. Les parents, on les plaint. On s'inquiète pour eux, on fait des articles sur le burn out parental.

Mais pas les beaux-parents. Le beau-parent, il a le droit de sourire, de laver le linge et d'encaisser sans se plaindre.

Ce truc est pourri parce que même quand ça se passe bien, et ça arrive, enfin il paraît, vous n'êtes qu'un beau-parent. Et un beau-parent, c'est le CDD de la parentalité. Comment voulez-vous entretenir une relation saine avec un enfant quand vous êtes virable à n'importe quel moment ? Bienvenue dans la précarisation du monde néo-libéral appliquée aux rapports familiaux.

Si le problème avec la famille ordinaire, c'est que vous ne pourrez jamais vous en débarrasser, le problème avec la famille recomposée, c'est qu'elle peut disparaître.

Et je suis bien placée pour le savoir, ma mère m'a fait vivre avec trois beaux-pères différents, et malgré l'affection que j'ai eue pour deux d'entre eux, je ne les ai jamais considérés comme des figures parentales.

Et encore, un CDD, c'est un statut clair. Le statut de belle-mère, il est flottant, vague. Vous ne savez jamais ce que vous pouvez légitimement exiger, ce que vous avez le droit de vous permettre ou pas.

Enfin, ça, c'est des problèmes de riches. Parce que la fille de Greg semble me considérer comme une rivale, une intruse, une bonne à tout faire, une blanchisseuse, une femme de ménage, une cuisinière, une emmerdeuse, bref, n'importe quoi mais certainement pas une adulte en charge de son éducation.

En huit ans, j'ai plusieurs fois essayé d'expliquer à Greg qu'entre Colette et moi j'avais parfois, peut-être, un peu l'impression d'une distance infranchissable, comme une paroi invisible qui nous maintiendrait loin l'une de l'autre. À quoi il m'a toujours répondu : « Je trouve que ça va mieux qu'au début. »

Alors j'ai abandonné. Je me débrouille avec l'hostilité de ma belle-fille et un lundi sur deux, je pars à la réunion. Greg me lance une vanne sur mon cercle de Belles-Mères anonymes, mais s'abstient de me demander plus précisément ce qu'on s'y dit. Il n'est pas très curieux de cet espace de défoulement où chacune laisse s'exprimer la part la plus obscure de son âme.

J'ai découvert les BMA pendant ma grossesse, une période qui avait été la conjonction d'un mal-être de Colette, effrayée à l'idée de partager son papa, et de mon propre désarroi hormonal. Les réunions ont été ma petite planche de survie en mousse jusqu'à l'accouchement. À la naissance de Raoul, les choses se sont améliorées. Je me sentais plus légitime. Je n'avais plus l'impression qu'ils étaient deux, Greg et Colette, et que j'étais seule. Un équilibre numérique s'était établi.

Et puis, dès le départ, elle a été gentille avec son petit frère. Ça nous a vaguement rapprochées. Enfin… une fois que j'ai réussi à mettre de côté le fait qu'elle avait déplacé notre compétition vis-à-vis de son père vers son petit frère.

Ce soir-là, après avoir couché Raoul et Colette, m'être relevée trois fois parce que « j'ai soif », « je peux aller faire pipi ? », « je trouve plus mon doudou mangeur de cauchemars », j'ai enfin pu étaler mon cul sur le canapé. Je me suis demandé si j'avais mangé. C'est une vraie question quand on est parent. Est-ce qu'on peut considérer que j'ai dîné sachant que j'ai fini les trois raviolis que Raoul avait laissés dans son assiette, raclé le fond de yaourt de Colette, avalé un croûton de pain et deux comprimés d'ibuprofène ? Dîner ou pas dîner ?

Mon cul, ma flemme et moi, on a décidé que c'était l'équivalent d'un bon repas. J'ai regardé autour de moi. C'était le vide. La solitude. Je n'avais pas encore eu le temps de raconter à Greg le drame de l'immeuble. J'ai hésité. Par texto, c'était trop long. L'appeler allait l'inquiéter et le déranger pendant le service. Ne rien dire était bizarre.

Que la vie est compliquée.

J'ai opté pour un raccourci. Un message qui résumait : « Il s'est passé tout un truc avec les voisins du 2e. Hâte de te raconter. »

Et voilà. J'étais désormais prête à m'abrutir devant n'importe quelle série. Si possible, une parfaite daube. L'audiovisuel, c'est comme la bouffe industrielle. Par moments, on a besoin de se vautrer dans le paquet de chips. J'ai trouvé une série médicale américaine mettant en scène un résident sexy et absolument pas crédible. Je me suis allongée sur le canapé avec un plaid, la tablette calée sur mon ventre.

Mais je devais être encore traumatisée par la disparition des voisins parce que je tendais l'oreille, aux aguets. J'avais l'impression d'entendre un bruit suspect. Mais non.

Mais oui.

Mais non.

Finalement, ma paranoïa l'a emporté sur mon énorme flemme. (Ma vie est une suite de duels de haut vol.) J'ai coupé le son de la tablette, je me suis levée et je suis restée debout au milieu de mon salon. Comme si être à la verticale allait aiguiser mon ouïe.

Le bruit a recommencé. Un bruit qui évoquait le son des griffes de Freddy dans un film d'horreur.

J'ai pris un couteau dans la cuisine, en ayant un peu trop conscience de mon propre ridicule et, à pas de louve, je me suis approchée de ma porte d'entrée.

Le bruit venait de la cage d'escalier. J'ai essayé d'ouvrir le plus silencieusement possible et je me suis faufilée sur le palier. La lumière était allumée. En me penchant par-dessus la rampe, j'ai aperçu la griffe de Freddy qui cognait vraiment contre les barreaux.

À la différence près que ce n'était pas une griffe mais un Opinel. Avouez que ce n'est pas moins effrayant. Je voyais seulement la lame du couteau qui tapait régulièrement contre les trois mêmes barreaux au niveau du deuxième étage.

L'étage de Valérie et Stéphane.

J'ai commencé à descendre discrètement. (Pour faire quoi ? Aucune idée.) À la place de Freddy, il y avait un gamin d'une dizaine d'années assis sur une marche, face à la porte des arnaqueurs. Il s'est retourné vers moi – j'avais été trahie par mon ombre. Il arborait un air mi-coupable mi-étonné.

C'était le fils des voisins du premier, la famille Conti. Il était en CM2 dans la même école que Colette et Raoul. Je le croisais de temps en temps avec sa mère, qui était sympa et toujours très lookée. Jamais en revanche avec son père, que j'entendais parfois beugler et qui m'avait l'air d'être un sale con alcoolique, mais il paraît que je juge trop vite les gens.

J'ai demandé à l'enfant ce qu'il faisait là.

« Bah rien.

– OK. Mais tu devrais aller te coucher.
– Oui. J'y vais. »

Il a dit ça sans esquisser un geste. J'ai tendu l'oreille : venant de son appart, un étage en dessous, je distinguais la télé et une voix qui déblatérait. Typiquement une voix d'alcoolique en train de s'écouter vomir le monde. Je suis restée plantée là. Je ne savais pas quoi faire. J'ai lancé :

« Tu veux monter chez moi ? »

Il m'a regardée de travers et il a dit :

« Non merci, c'est sympa mais je ne vous connais pas vraiment alors je préfère pas. Déjà qu'on découvre que les voisins sont des voleurs, vous, si ça se trouve, vous êtes une tueuse en série. »

J'ai rigolé.

« OK, tu as raison, il vaut mieux être prudent. Mais tu ne vas pas rester là.
– Bah si. »

J'ai regardé ce gamin aux yeux vifs qui tripotait nerveusement son Opinel à 22 heures dans une cage d'escalier. Qu'est-ce que je pouvais faire pour lui ? J'ai eu une inspiration. Je suis remontée, j'ai attrapé un paquet de gâteaux au chocolat dans la cuisine puis je suis allée dans la chambre des enfants, j'ai pris le premier tome de *Harry Potter* et je suis redescendue. Je lui ai tendu livre et gâteaux.

« Ça fera passer le temps. Et si tu veux aller aux toilettes ou que tu en as marre d'être là, tu viens me voir. C'est pas la pleine lune, donc j'ai pas prévu de tuer d'enfant ce soir. »

Il m'a fait un sourire à craquer. Dans ses yeux, on lisait l'envie de se moquer du monde entier. Il avait une bouille toute ronde derrière laquelle se devinait le préado. Il a posé le livre sur la marche à côté de lui avec un certain dégoût. En revanche, il a ouvert le paquet de gâteaux avec gourmandise. Il en a mangé un et puis il a levé son pouce pour me signifier son approbation. Ensuite, il a ajouté :

« Ça va aller, merci madame. »

Je ne pouvais pas le kidnapper et l'emmener chez moi de force. Alors je suis remontée. Mais dès que je me suis assise sur le canapé, je me suis sentie totalement idiote. Je n'allais pas rester là pendant qu'un gosse était dans la cage d'escalier. J'ai soupiré, j'ai ramassé mon plaid, ma tablette, j'ai laissé la porte de mon appart bien ouverte pour entendre mes enfants au cas où et je suis redescendue au deuxième étage. Le gamin m'a regardée avec étonnement.

« Bah, fais-moi un peu de place », j'ai dit.

Il s'est décalé. Je me suis assise à côté de lui. On était hyper mal sur ces marches et il y avait un courant d'air. J'ai mis le plaid sur nos genoux, j'ai posé la tablette et j'ai lancé la série.

« Alors lui, il est résident. C'est un apprenti médecin. Il a eu une histoire avec elle, la cheffe des infirmières. Ils sont plus ensemble mais ils se kiffent toujours. »

Il m'a répondu :

« Ça a l'air nul à chier. »

J'ai tourné la tête vers lui mais il regardait l'écran en souriant.

« Oui, c'est nul. C'est pour ça que ça me plaît. Pas besoin de faire trop d'effort pour comprendre.

– Bah ça, c'est sûr », il a marmonné en engloutissant un nouveau gâteau.

Au bout de quelques minutes, j'ai découvert qu'il appartenait à cette catégorie d'enfants qui demandent sans cesse « pourquoi il fait ça ? ». J'ai tenté de lui apprendre à faire confiance aux scénaristes, mais il était réticent.

« En fait, tu veux que je te raconte la scène suivante qu'on n'a pas encore vue ? »

Il a rigolé.

« J'aime pas le suspense. Je veux juste comprendre. »

À la fin de l'épisode, il s'est levé et il a descendu un étage. J'ai surveillé en me penchant sur la rampe qu'il rentrait bien chez lui. Et puis je suis remontée ; j'avais mal au dos mais je me suis surprise à penser que c'était une chouette soirée.

Voilà ce qui s'était passé le mardi. Revenons maintenant au jeudi, jour de ma convocation au commissariat en qualité de voisine. Après ma déposition, je suis donc allée voir Greg au Bouliste. Le bar se situe à l'ouest de la ville, dans un quartier en pleine rénovation. Seul point positif, il est sur le trajet de mon bureau où je devais bien finir par me pointer à un moment dans la journée. L'excuse « mon voisin s'est fait tirer dessus » n'allait pas fonctionner éternellement.

Le bar était à l'origine un vieux rade dégueulasse. Le proprio l'avait racheté pour en faire un café ouvert à tout le monde, vieux, vieilles, ados, familles, travailleurs, hipsters. Jusque-là, les poivrots continuaient de venir pour se bourrer la gueule dès 10 heures du mat, ce que Greg considérait comme une bonne nouvelle. Mais il n'avait pas anticipé que leur présence aurait un effet dissuasif sur les autres clients. Alors, pour envoyer un signal, il s'était lancé dans des travaux de rafraîchissement qu'il effectuait lui-même. Il avait misé beaucoup de son estime personnelle dans la réussite de ce projet professionnel. Perso, je trouvais ça incompréhensible de faire dépendre son estime de soi de son travail – surtout qu'il n'en avait pas beaucoup en réserve (de l'estime).

Dans sa vie précédente, Greg avait été régisseur sur des plateaux de tournage. Puis il avait rejoint des copains qui montaient un bar. C'était là qu'on s'était rencontrés. Il était le barman sexy d'un endroit génial qui s'appelait le Café Rouge. J'y passais des soirées entières à jouer au baby-foot en matant Greg. Mon enthousiasme n'était pas partagé par le voisinage qui s'était lancé dans une guerre contre l'établissement, à coups de plaintes pour nuisances sonores, ce qui avait entraîné une avalanche d'amendes et de fermetures administratives. Après des années de lutte, l'équipe avait jeté l'éponge. Mais Greg avait adoré ce travail. Il avait donc sauté sur l'occasion quand on lui avait proposé de reprendre le Bouliste.

Je suis entrée. Accoudé au comptoir il y avait Bougnat, un SDF du quartier agréable comme le choléra. Il était en train d'apostropher Greg, perché sur une échelle, qui peignait au rouleau le mur de droite. « Hey, le pédé, t'aimes ça le rouleau, hein ? » Greg restait souriant, mais à la contracture de ses épaules je pouvais deviner qu'il était à cran.

Je me suis installée sur un haut tabouret.

« Hey, Kowalski, tu me sers un café ? »

Greg s'est retourné et m'a souri.

« Berthoul ! Comment ça s'est passé chez les flics ? »

Bougnat a jugé bon de commenter : « Mouchette, elle est allée cafarder aux poulets. »

« Bien. Je ne savais rien qui pouvait les aider mais on a rigolé. »

Greg et moi, on s'appelait souvent par nos noms de famille. On trouvait que ça nous donnait un air de flics des années 1950, Berthoul et Kowalski pour vous servir. L'un des deux aurait eu un problème d'alcool et l'autre de cholestérol. Je crois qu'au début de notre relation, à l'époque où on rigolait parce que ce n'était qu'une histoire de cul hein bien sûr, pas de sentiment entre nous, cela nous permettait de maintenir une distance en évitant les surnoms affectueux. Et puis c'était resté.

Greg est descendu de son échelle, s'est essuyé les mains sur le torchon passé à sa ceinture et s'est tourné vers le percolateur.

« Alors, le pédé, il fait du café ? »

Tressaillement d'épaules.

« Ça va, Bougnat, lâche-le. Il est déjà sympa d'accepter de te servir. Plus aucun café ne veut de toi. Si tu te calmes pas, tu vas te retrouver devant le Super U tout seul comme un con.

– Ahgnagnagna », m'a répondu Bougnat en agitant ses mèches de cheveux sales.

Je me suis tournée vers Greg qui posait un expresso devant moi.

« Pourquoi tu le vires pas ? Ça devient ridicule.

– Je veux un lieu inclusif. Je ne veux pas tenir un bar branché qui change le visage du quartier. Et lui, c'est aussi le visage du quartier.

– C'est très beau comme théorie, mais ça ne mérite pas que tu laisses ce mec t'insulter tous les matins. »

Greg a pris un air buté. Il est bourré de qualités mais il est tout de même un peu psychorigide quand ses convictions politiques sont en jeu.

« J'aime ce quartier tel qu'il est. Je ne veux pas le nettoyer.

– Mais les clients du quartier veulent que tu le nettoies. Tu penses comme un bourgeois. Être dans un quartier populaire, ça ne veut pas dire qu'on a envie de se faire insulter quand on vient boire un café. Même la vieille Samira l'a viré de son bar.

– Je suis inclusif.

– Tu fais une erreur. Ma grand-mère, qui a quand même fait seule toute la politique sociale de la commune pendant cinquante ans, elle te le dit aussi. Elle virait les mecs sales de ses structures.

– Ta grand-mère, elle virait les mecs tout court.

– Certes. Mais elle voulait des lieux de respect, comme toi. Donc elle établissait des règles et ceux qui ne les respectaient pas, ils dégageaient. Ensuite, pour un lieu inclusif, laisser ce type proférer des insultes homophobes à longueur de journée, c'est moyen. »

L'argument portait. Je décidai de dérouler pour profiter de cette ouverture.

« Imagine les homos du quartier. Ils seraient ravis d'avoir un café où ils peuvent venir en couple, se sentir libres de s'embrasser, mais ici, ils ne peuvent pas parce qu'ils vont se faire lyncher par un ivrogne. »

Bougnat a recommencé.

« Hey, Mouchette, ton mec c'est un gros pédé. Y porte des marcels. Comme Marcel Lepagnol.

– Ta gueule, Bougnat. Et m'appelle pas Mouchette. »

J'ai regardé Greg avec un sourcil froncé.

« Sérieusement, Kowalski, c'est ça l'inclusion pour toi ? »

Il a marmonné qu'il y réfléchirait. Pour détourner mon attention, il m'a demandé comment allait Raoul.

Tous les jours, on a cette discussion. Comment va Raoul. Le plus désespérant, c'est sans doute qu'on ne s'en lasse pas. Ça a l'air excessif pour un gamin de six ans, mais précisément, à cet âge, ils sont sujets à des changements d'humeur impressionnants. Et comme il est incapable de gérer ces infimes modifications de la palette de ses émotions, il suffit que sa météo intérieure soit un peu nuageuse pour que le trajet matinal jusqu'à l'école se transforme en lutte entre un fétu de paille et un cyclone. En plus, il est en CP, une année charnière pour prendre l'école en grippe et foutre en l'air son avenir professionnel. Mais il se trouve que ce matin-là, ça allait à peu près, hormis une crise parce qu'il voulait et ne voulait pas mettre ses chaussures.

Greg rinçait ma tasse quand il a ajouté d'un ton dégagé :

« J'ai eu Andréa. Elle ne peut pas garder Colette ce soir et demain, elle a des auditions. J'ai dit OK, ça te va ? »

Bah oui, évidemment, qui n'a pas envie de passer vingt-quatre heures de plus en compagnie d'une enfant qui rêve de vous égorger avec son couteau de cantine…

« Elle pourrait pas prévenir avant ?

– Tu sais, elle a toujours eu du mal à s'organiser.

– Parce que c'est une pute. »

Ça, c'est pas moi qui l'ai dit, c'est Bougnat, pourtant pour une fois, hormis l'aspect putophobe de l'insulte, j'étais assez d'accord avec lui.

« Tout le monde a du mal à s'organiser. Mais il y a celles qui n'ont pas le choix, et celles qui comptent perpétuellement sur les autres pour se plier à leur emploi du temps… »

Andréa, l'ex de Greg, n'est pas une princesse, elle est pire, elle est une princesse des temps modernes : comédienne. Les comédiennes, la plaie de l'humanité si vous voulez mon avis.

Andréa est assez belle et, avouons-le, sa fille a hérité de la finesse de ses traits. Elle est aussi anormalement bien foutue pour son âge – trente-sept ans en âge Wikipédia, c'est-à-dire quarante-trois en âge civil. Quand j'avais commencé à traîner au Café Rouge, je la voyais souvent. On disait qu'elle avait un tempérament de feu. J'avais vite compris que ça signifiait qu'elle était totalement égocentrée. Mais ils formaient un couple mythique dont on suivait les péripéties passionnelles et les multiples ruptures.

Là aussi, il avait fallu un peu de temps pour que je traduise. Ce que l'on appelle une passion amoureuse, en règle générale, ce sont juste deux personnes qui ne se supportent pas. Comme si l'amour véritable, c'était d'avoir envie de s'entretuer. Alors que l'amour véritable, c'est regarder une série nus l'un contre l'autre.

À l'époque, je fantasmais follement sur Greg. Parfois j'avais l'impression qu'on flirtait un peu, mais il était hors du champ de mes possibilités.

Et puis, un soir, je jouais au baby-foot avec d'autres habitués que je laminais les uns après les autres. Greg avait proposé de faire une partie contre moi. J'avais accepté à condition qu'on parie quelque chose. Je voulais me faire offrir une pinte de bière. Mais à l'oreille, il m'avait murmuré: «Un cunni, ça te va?»

J'avais immédiatement pris la teinte d'une écrevisse ébouillantée.

J'avais hoché la tête.

J'avais gagné.

Et nous avions connu une nuit de sexe échevelée, luisants de cyprine, nous roulant dans le sperme.

Pas du tout. En vérité, je m'étais dégonflée.

Je rêvais d'un contact physique avec cette personne depuis des mois mais du moment où c'était devenu possible, toute tension sexuelle était retombée. J'étais plus froide que le Groenland. J'aurais pu régler le problème du dérèglement climatique. «Il y a une canicule en Australie? Envoyez Chloé Berthoul avec un mec sexy.»

Il avait dû le sentir parce qu'il n'avait pas insisté. Et c'est peut-être à ce moment-là que je suis tombée amoureuse de lui.

Ou cet autre soir qu'on avait passé à discuter et à rire. Les prémisses de Berthoul et Kowalski. Et j'avais fini par accepter sa proposition.

Je ne vous donnerai pas de détails.

Le lendemain, quand j'étais revenue au Café Rouge, il m'avait tendu une enveloppe. Elle contenait des bons pour toutes les pratiques sexuelles imaginables. D'ailleurs, certains sont encore inutilisés.

Avec Andréa, ils avaient fini par se séparer définitivement et nous, on avait pu entamer notre histoire faite de sexe, de rigolade et de séries regardées sous la couette.

Et d'une belle-fille.

J'ai remis mon manteau et j'ai poussé un soupir à fendre des menhirs.

« Bon, allez, faut que j'aille au boulot. »

Concernant le travail, il y a une seule question importante : est-ce que si vous n'aviez pas besoin d'argent, vous le feriez ? Dans mon cas, non.

J'aime bien mon boulot – surtout quand je le fais chez moi en pyjama – mais on ne va pas se mentir, ma principale motivation, c'est d'alimenter mon compte en banque une fois par mois.

En quoi consiste ce mystérieux travail ? Comme Damien, mon meilleur ami, je suis linguiste, mais pas dans la recherche universitaire. Je travaille pour une entreprise en tant que consultante. La Clé des mots. C'est le nom de mon employeur. Remarquez, j'ai eu de la chance. J'ai adoré la fac, j'aurais pu continuer toute ma vie. Mon existence se résumait à rester assise pour écouter des profs supérieurement intelligents m'expliquer le résultat de leurs recherches. Ensuite, j'allais boire un café avec des amies.

Le rêve.

Malheureusement, il a fallu y mettre un terme et s'est posée la question des débouchés envisageables avec un master de linguistique. J'ai végété quelque temps dans des boulots de communication ineptes, jusqu'à ce que Mehdi, un ami de la fac, monte La Clé des mots. On refait la communication verbale des entreprises. Imaginez-moi comme une serrurière de l'orthographe. Concrètement, je peux être chargée de réécrire tous leurs courriers types, les lettres et les mails que votre compagnie d'assurances envoie à sa clientèle. Ma spécialité, c'est l'écriture inclusive.

J'ai bien conscience de ma chance d'être payée pour faire un truc que j'aime plutôt pas mal. Disons que je préfère le chocolat à mon travail, mais il y a beaucoup de choses que j'aime moins que mon travail, par exemple, les escalators.

Vers 14 heures, je me suis donc enfin installée à mon poste. Ma mission du jour consistait à mettre au point une liste de propositions lexicales pour l'assistant en ligne d'un fournisseur Internet. Tout était calme dans l'open space – on n'est pas très nombreux.

C'est arrivé au bout d'une heure. Je me suis sentie mal. Je sais que pour une salariée du XXIe siècle, ça n'a rien d'exceptionnel. Mais la puissance de ce mal-être était phénoménale. Ça m'est tombé dessus d'un coup, comme une averse soudaine qui vous trempe jusqu'aux os, sauf que là je pataugeais dans le mal-être. J'ai regardé autour de moi, mes collègues étaient tous concentrés sur leur écran.

J'étais incapable de déterminer si ma sensation était physique ou psychologique. Elle évoquait les signes avant-coureurs d'une gastro brutale. D'un coup, le monde était en noir et blanc, les sons sonnaient faux, ma peau était moite, comme si la vie elle-même me foutait la gerbe. J'ai réussi à me traîner jusqu'aux toilettes et je me suis assise par terre, en collant mon visage contre le mur de carrelage froid. Je savais que je n'étais pas en train de crever mais l'imitation était très convaincante. J'ai péniblement fini ma journée sans comprendre ce qui m'arrivait.

Puis je suis allée chercher les enfants au centre de loisirs et les ai emmenés au square où Éva et Damien sont venus me retrouver. Je leur ai dit que j'avais peut-être mangé un truc avarié. On était assis sur notre banc habituel. L'air frais me faisait du bien. Je pensais à ma voisine Valérie qui avait arnaqué des tas de gens. Je pensais aux poubelles. Je pensais que je croyais qu'elle avait une vie de merde alors que l'intensité de son existence devait être au-delà de tout ce que j'avais connu. Je pensais à ma propre vie.

Raoul est venu me voir avec un sourire irradiant de bonheur. Il marchait le poing fermé devant lui. Il a ouvert ses doigts délicatement et il m'a montré un boulon rouillé comme si c'était la septième merveille du monde. J'ai fourré mon nez dans son cou, je l'ai respiré et ça a atténué la sensation d'oppression.

Le soir, j'étais calée dans le canapé contre Greg, on regardait un reportage à la télé sur ces Français qui ont quitté le pays pour vivre dans des bungalows au bord de l'océan Indien. Retrouver Kowalski a un peu calmé mon angoisse. On a fait des blagues en écoutant nos compatriotes qui avaient l'air d'avoir trouvé un sens existentiel caché.

Un certain Jean-Christophe disait, en se préparant une tartine d'algues, qu'il ne savait même plus pourquoi il était resté aussi longtemps en France alors que la vie est courte et que le bonheur c'est maintenant et que demander de plus que le soleil. On se moquait de lui mais, dans le fond, il n'avait peut-être pas tort.

Les jours suivants, le malaise était toujours là. J'ouvrais les yeux, je me levais et j'avais cinq minutes de répit avant le retour de la nausée, de la boule dans la gorge et d'une immense fatigue. Je voulais passer ma vie à dormir et j'avais bien conscience que cela me rapprocherait de l'état d'un macchabée. Le reste de ma journée consistait à lutter pour être un minimum fonctionnelle. La radio m'avait appris qu'on venait de passer le jour le plus déprimant de l'année. La vie était à peine supportable.

Un soir, Greg a été pris d'une envie de sexe a priori non partagée. Mais j'ai décidé de faire un effort. J'avais besoin de renouer avec la pulsion de vie. Me perdre dans une activité physique intense, sentir mon corps, éprouver du plaisir. Et puis, comme on dit, l'appétit vient en mangeant. Ce n'est pas raccord avec l'air du temps comme réflexion, et évidemment il faut respecter en premier ses propres envies. Mais concrètement, ne nous leurrons pas, nous sommes pris dans une lutte entre le capitalisme et nos vies sexuelles. Nos existences modernes ne sont pas faites pour le sexe. On travaille trop, dans des environnements agressifs et stressants. On doit se battre pour préserver le cul dans notre quotidien sinon il va disparaître, parce qu'à 22 heures on est déjà en train de compter combien d'heures de sommeil il nous reste avant le réveil du lendemain.

Et ce soir-là, figurez-vous que le miracle s'est produit. Je ne pensais plus à rien. Pourquoi faire une thérapie quand on peut avoir un orgasme ? Je me suis écroulée en travers du lit, soulagée.

Trois minutes plus tard, il était de nouveau là. Le malaise. Pas la vague qui m'avait submergée au boulot. Un truc plus discret, plus vicieux, tapi dans un coin de la chambre, derrière l'étagère Ikea. J'ai pensé très fort Putain. Greg m'a demandé si ça allait, j'ai répondu : « Oui, je suis juste crevée. »

Je me détestais d'être à ce point fatiguée. Je me haïssais. Je haïssais ma fatigue. Ma vie était vide. J'ai repensé à Jean-Christophe et son air d'être rempli de quelque chose alors que j'étais néantisée.

Le lendemain, il a fallu continuer comme si de rien n'était. À 18 heures, je suis allée chercher Raoul au centre de loisirs. Je me suis accroupie pour le serrer fort dans mes bras. J'avais envie qu'il me dise « ce n'est pas grave maman, on va s'en sortir, tout ira bien ». À la place, il m'a tendu une espèce de vieille barrette rose à paillettes piétinée sur laquelle était aggloméré un chewing-gum fondu. Je lui ai dit que ce n'était pas propre et qu'il fallait le jeter. Il m'a hurlé dessus que c'était À LUI et que c'était BEAU. J'ai abandonné. Je n'étais pas en état de mener une guerre. Il était temps de faire confiance à son système immunitaire.

Le soir, quand Greg est rentré, il était stressé. Il n'y avait pas assez de clients au Bouliste. On a ouvert une bouteille de vin qu'il avait rapportée. Je me suis assise en boule sur le canapé, les bras autour des genoux. Il avait posé tous ses couteaux de cuisine sur la table basse et sorti sa pierre à aiguiser. Il a besoin d'être toujours en activité. Comment pouvons-nous être aussi différents ?

« Il faut vraiment que le chiffre d'affaires décolle parce que là, je te le dis franchement, Berthoul, ça pue. »

D'un geste sûr et ample, il faisait danser la lame du couteau sur la pierre. Le frottement entre les deux semblait faire vibrer l'air.

« Mais t'inquiète pas, ça va venir. C'est normal que ça mette du temps. Les gens voient bien que tu fais encore des travaux. Peut-être qu'il faudrait organiser une fête pour lancer la dynamique ? »

Il a marmonné :

« Oui, pas con. Mais ça avait tout de suite marché avec le Café Rouge.

– Vous étiez une bande, c'était pas pareil.

– Justement. Peut-être que c'est un projet trop gros pour moi. Peut-être que je suis juste pas assez bon pour ça. »

Greg était mort de trouille à l'idée de se planter. D'autant qu'il n'avait pas de plan B. Je ne lui parlai pas de mon propre état psychologique. Je me doutais que même avec tout son amour et sa bienveillance, mes difficultés de meuf qui avait un travail et un salaire fixe n'allaient pas l'émouvoir.

Le lendemain matin, j'ai décidé de réagir. Il fallait qu'il se passe quelque chose, que ça s'arrête. J'ai prétexté un rendez-vous extérieur pour me barrer plus tôt du travail et je suis allée voir la Mouche. C'est ma grand-mère. L'explication de ce nom s'est perdue dans la nuit des temps. Même ma mère l'a toujours appelée la Mouche et jamais maman.

Bref. La Mouche est une institution à Gabarny. Tout le monde la connaît. Primo parce qu'elle est très vieille. Deuxio parce qu'elle s'est énormément investie dans la vie de la communauté. Elle a été prof et proviseure du lycée, elle a organisé des avortements clandestins avant la loi Veil, elle a aidé à scolariser les enfants roms, et je vous en passe. Après tous ces services rendus à la ville, l'ancien maire socialiste lui a offert une place gratos dans la maison de retraite la plus luxueuse du coin, Les Mimosas, nommée ainsi parce que le mimosa fleurit en hiver, histoire de faire croire que le bonheur est encore possible au crépuscule de sa vie.

J'ai composé le code et je me suis dirigée vers le couloir où elle occupait un studio tout équipé. J'ai frappé à sa porte, mais elle n'a pas répondu. J'ai fini par ouvrir. Je l'ai vue, debout avec sa canne, sur sa terrasse. Elle avait une main dans la poche de sa robe de chambre bronze matelassée, ses cheveux blancs ramenés en un chignon famélique.

À chaque fois que je viens la voir, j'ai l'impression qu'elle a rétréci. Ma grand-mère ne mourra jamais, elle finira par disparaître dans l'infiniment petit. J'ai fait coulisser la porte de la baie vitrée pour la rejoindre. Il ne faisait pas froid. Plutôt tiède avec quelques nuages grisâtres dans le ciel. La Mouche n'a pas paru surprise de ma présence. Elle ne s'est même pas retournée. Elle regardait fixement devant elle, avec une pointe de perversité.

« C'est son heure.

– L'heure de qui ? »

Elle a donné un coup de menton tout droit. Je ne voyais que la tour de l'Horloge et la mairie qui la jouxte. On était à l'arrière, avec une vue imprenable sur le jardin. J'ai aperçu une silhouette d'homme, sans doute en costard, qui posait sa main sur le tronc d'un des arbres. La silhouette s'est immobilisée. Il m'a semblé qu'elle levait la tête vers nous.

« Ah ah, le voilà ! s'est exclamée la Mouche avec satisfaction.

– C'est qui?

– Le maire. Il vient là tous les jours. Et je veux que tous les jours il me voie.

– Pour quoi faire?

– Pour qu'il sache que je sais.

– Et que tu sais quoi?

– Ah ça, j'en sais rien. Mais ce type est toujours en train de magouiller. Alors il faut qu'il croie que je sais ce qu'il magouille.»

Elle s'est tournée vers moi, les yeux brillants.

«Je vais te confier un secret. Je veux qu'il me propose pour la Légion d'honneur.

– C'est pas un secret ça, t'es en boucle dessus depuis cinq ans.

– Maintenant, je sais comment faire. J'ai besoin qu'il croie que je sais quelque chose.»

C'était difficile de déterminer si elle était incroyablement rusée ou gâteuse. J'ai tenté de détourner un peu le sujet.

«Et il sort tous les jours à la même heure?

– Non. Il est malin. Il essaie de m'éviter. Mais je reste là à le guetter.»

Avec ses petits yeux enfoncés dans les orbites, elle avait effectivement quelque chose du rapace.

Un instant, j'ai plaint le maire, David Deveillac. C'était son deuxième mandat. Il n'avait même pas quarante ans quand il avait réussi à arracher à la gauche la ville de Gabarny. Il ne venait pas d'ici, il était de droite, sa victoire avait été une surprise qu'on ne parvenait à s'expliquer que parce qu'il apparaissait souvent dans les médias nationaux et que les habitants de Gabarny avaient été flattés qu'un jeune espoir de la politique vienne s'intéresser à eux. À chacune de ses interviews à la télé, il pensait à glisser un « c'est ce que je vois à Gabarny » ou « dans la ville de Gabarny dont j'ai l'immense honneur d'être le maire ». Ça ne mangeait pas de pain mais ça faisait plaisir.

Seul petit caillou dans ses souliers cirés : quand il avait conquis la ville, il n'avait pas anticipé qu'il ne gagnerait pas seulement une place de parking gratuite mais également une vieille femme machiavélique qui attendait son heure pour qu'il s'englue dans sa toile.

La Mouche s'est retournée vers moi avec un sourire radieux de mille rides. Au fil des ans, ses lèvres avaient totalement disparu.

« Embrasse-moi, ma cocotte. »

Je me suis penchée vers sa joue. Elle sentait encore plus la mort que d'habitude. Une odeur de prédécomposition, à la fois douce et étouffante, que je liais à l'extrême finesse de l'enveloppe translucide qui lui servait de peau.

On est rentrées dans le studio et elle m'a demandé de lui préparer un thé noir pendant qu'elle s'installait dans son fauteuil. On lui avait offert un gros fauteuil à télécommande il y a quelques années. Le genre d'horreur dont on se moque jusqu'au jour où le confort l'emporte sur le snobisme.

Elle a attendu de boire une gorgée de thé avant de me demander :

« Alors ? Qu'est-ce qui t'arrive ? Tu as enfin largué ton limonadier ?

– Non.

– Ah, dommage.

– On a un enfant ensemble, je te signale.

– Et alors ? Ça n'a jamais arrêté ta mère. »

J'ai décidé d'éviter le passage sur la vie sentimentale dissolue de ma mère, qui, notons-le, est avec le même mec depuis quinze ans, mais ça n'avait pas l'air d'entrer dans les comptes de la Mouche.

« Alors t'as fait quoi comme connerie ?

– Rien. C'est juste que… je me sens mal. Je sais pas comment l'expliquer. Depuis quelques jours, je suis complètement déprimée. Comme si j'étais bloquée au fond d'un gouffre sans réussir à remonter. »

J'ai vu poindre une lueur d'intérêt dans ses yeux.

« Ah. C'est un signal. Tu vas peut-être enfin faire un truc intéressant dans ta vie.

– C'est tout le problème. Je ne sais pas quoi faire de ma vie.

– Vous êtes vraiment une génération de trous-du-cul pourris gâtés. Tu crois que nous, on avait le choix d'un travail intéressant ? Tu crois que les ouvriers qui turbinaient ils se demandaient Est-ce que ce travail m'intéresse ? Gnagnagna ?

– T'étais prof d'histoire, puis proviseure, puis chargée des missions sociales de la mairie, t'as monté des centres d'accueil pour les familles pauvres, donc ça va, t'as pas passé ta vie à l'usine. »

Elle a eu un sourire de fierté.

« Et j'ai élevé seule deux enfants. Et moi, je restais pas là, les bras ballants, à me demander quel travail a du sens. Je faisais des choses. La dépression, c'est un luxe que je ne pouvais pas me payer. Rends-toi utile.

– Peut-être que je devrais me lancer dans quelque chose de manuel. Pourquoi pas ouvrir une mercerie ?

– Pute borgne ! »

Elle a reposé sa tasse de thé sur le guéridon avec une rage mal maîtrisée.

« On t'a pas payé des études pour que tu deviennes mercière ! Les mercières sont des connes ! »

Visiblement, il y avait un dossier mercière.

« Mais alors, qu'est-ce que je peux faire ?

– Te sortir les doigts du cul, ma cocotte. Soit tu fais un truc à la con mais qui rapporte plein de blé. Soit tu fais un truc utile mais avec moins d'argent. Là, t'as un boulot à la con qui te rapporte pas grand-chose. C'est débile comme choix. C'est étonnant d'avoir mis autant de temps à t'en rendre compte. Même de ta part. »

Parler avec ma grand-mère, c'est l'équivalent de se masturber avec du papier de verre.

« Va faire un boulot utile, ou vends ton âme au diable, ou quitte ton limonadier, ou fais un deuxième enfant. Mais fais un truc. Même pas quarante ans et t'es comme un croûton. »

Bizarrement, ça me soulageait de l'entendre

m'insulter. Pourquoi faire une thérapie quand on a une grand-mère maltraitante?

Je me suis levée pour partir, en lui précisant:

«N'en parle à personne. Pas un mot à maman, hein.»

Deux heures plus tard ma mère m'appelait, prise d'une envie irrépressible de passer me voir le soir même. Ce n'était pas forcément la preuve que la Mouche lui avait parlé. Leur communication était centrée sur leurs engueulades.

À 20 heures tapantes, ma mère sonnait. Je lui ai ouvert. Elle est entrée suivie des effluves de son parfum Guerlain. Elle s'est précipitée sur Raoul, installé à table en train de finir son yaourt, et elle l'a embrassé comme si elle voulait le dévorer. Remarquez, je comprends, c'est son seul petit-enfant.

Ma mère s'est assise à côté de lui et s'est tournée vers moi.

«Alors, ma chérie, quoi de neuf?»

Je l'ai scrutée. Elle ne savait pas. Ou alors c'était la meilleure comédienne du monde.

«Bof, rien. Comme d'habitude.

– Tu avais l'air fatiguée au téléphone.»

J'ai pris une éponge sur le rebord de l'évier.

«Je suis toujours fatiguée.»

J'essuyai une flaque de yaourt sur la toile cirée de la table. Il y a un moment dans la vie où, après avoir passé des années à nettoyer vos merdes, votre mère vous regarde faire le ménage, le cul posé sur une chaise. Je me demande si les mères en tirent une satisfaction.

«Ça m'inquiète. J'ai l'impression que tu n'es pas heureuse.»

Je l'ai regardée, étonnée. Peut-être qu'elle allait me parler de l'absence de sens de ma vie. Elle s'est tournée vers Raoul.

«Tu vas te laver les dents et après je viens faire une bataille de guilis dans ton lit, d'accord?»

La proposition était irrésistible pour Raoul. Il est parti en courant dans la salle de bains. Ma mère s'est retournée vers moi avec un air sérieux.

«Ça va avec Greg?»

Putain, ça y était, elle était repartie sur Kowalski. Ma mère n'imaginait pas que, dans la vie, il y avait d'autres soucis que les mecs. Elle était obnubilée par la vie amoureuse.

«Ça va très bien.

– Il travaille beaucoup, quand même… »

Elle n'avait pas tort. Depuis qu'il avait ouvert le Bouliste, je passais de plus en plus de temps seule à gérer la maison et les enfants. Ça commençait à me peser un peu. J'avais signé pour une histoire de sexe torride et au final je me retrouvais à faire des traitements anti-poux. Mais bon, quand on était ensemble, c'était super. C'était juste dommage qu'il rentre après que j'ai passé deux heures à napalmer des parasites capillaires.

« Il n'a pas le choix. Ça ira mieux quand le bar marchera, il aura moins besoin d'y être. »

Mon degré de conviction était proche du niveau de la mer.

« Tu sais, il ne faut pas que tu te sentes obligée de rester par habitude, ou par culpabilité pour Raoul.

– Non mais ça va pas la tête ? Vous avez quoi la Mouche et toi ? Vous voulez vraiment que je suive votre exemple ? »

Elle m'a regardée sans comprendre. J'ai dû lui expliquer.

« Tu as quitté papa juste après ma naissance. Et la Mouche vous a élevés seule, tonton et toi.

– Ah oui, tiens… Je n'avais jamais fait le

rapprochement. Mais les deux situations n'avaient rien à voir. Ton père voulait retourner vivre dans la Creuse et j'aurais préféré avaler une bouteille de bicarbonate de soude que d'aller là-bas. Il va bien d'ailleurs ?

– Oui, je crois. On s'appelle pas souvent.

– Et dis-moi... Si tout va bien entre Greg et toi, vous n'avez pas envie d'un deuxième enfant ? Ça leur ferait sept ans d'écart. Les pédopsys disent que c'est idéal.

– Pas pour le moment, non. »

J'ai regardé le sweat dinosaure de Raoul qui était tombé par terre et j'ai eu l'impression que je l'aimais tellement fort que je ne pourrais jamais éprouver la même chose pour un autre enfant. J'en ai profité pour changer de sujet.

« T'as eu des nouvelles de Lou ? »

Lou, c'est ma petite sœur. Elle a sept ans de moins que moi et elle est atrocement cool. Pour vous donner un aperçu de nos vies respectives, j'ai le souvenir qu'au moment où je traitais les hémorroïdes liées à mon accouchement, elle avait chopé le palu en Inde en aidant à construire une école. Je la déteste. Je l'adore. Tout est mieux chez elle. Même son nom. Et c'est grâce à moi, sinon il était prévu qu'elle s'appelle Kathy.

Ma mère a esquissé un sourire grimaçant tout en faisant tourner sa grosse bague autour de son annulaire.

« Elle va bien. Elle ne me raconte pas grand-chose. Elle est toujours à Barcelone, je crois qu'elle donne des cours de danse. Elle profite de sa jeunesse, quoi.

– Ah ouais… Elle profite de la jeunesse de ses trente et un ans… Moi, à son âge, tu me demandais déjà quand est-ce que j'aurais un enfant.

– Ma chérie, ne commence pas à t'apitoyer et faire croire que tu as une vie atroce.

– C'est pas du tout ce que j'ai dit.

– Tu as vu la Mouche cette semaine ? »

Donc non, elle ne savait pas. J'ai fini par m'asseoir sur la chaise en face d'elle.

« Oui, je suis passée aux Mimosas cet aprèm. »

Ma mère a eu l'air brusquement intéressée.

« Et ?

– Bah rien. Elle est toujours en vie, j'imagine qu'à son âge ça veut dire qu'elle va bien. Mais elle faisait un truc bizarre. Je crois qu'elle harcèle visuellement le maire. »

Ma mère a levé un regard suspicieux.

« Elle manigance quelque chose. Le maire m'a téléphoné pour se plaindre qu'elle l'appelait sans cesse. Il a beaucoup de respect pour tout ce qu'elle a apporté à la ville, mais il voudrait qu'elle cesse de se mêler des affaires municipales. Elle n'arrive pas à admettre qu'elle n'a plus ses entrées à la mairie. J'ai l'impression que Deveillac est à bout de patience. Mais bon, ce n'est pas mon problème. J'ai passé toute ma vie à m'inquiéter pour elle, stop.

– C'est marrant, elle pourrait dire exactement la même chose.

– Tu plaisantes ? Elle ne s'est jamais inquiétée pour moi. Elle voulait que je me plie à ses désirs, c'est très différent. T'inquiéter que ton enfant trouve sa voie, la voie qui va le rendre heureux, et penser qu'il doit faire exactement ceci ou cela, ce n'est pas pareil. Toi, par exemple, et Lou aussi, je vous ai laissées très libres d'explorer pour trouver votre équilibre. »

J'ai regardé autour de moi. Et bah si elle m'avait vraiment laissé ma liberté, il était temps que je me demande ce que j'en avais fait.

« Mamie ! J'ai fini ! Je suis prêt ! »

Raoul gloussait déjà de plaisir à l'idée des chatouilles. En général, elle n'avait même pas besoin de le toucher, il suffisait qu'elle tende les doigts vers lui pour qu'il se torde comme un asticot.

Ma mère s'est levée pour aller le rejoindre dans la chambre. Je les entendais rire tous les deux et c'était chouette.

J'en ai profité pour finir de débarrasser. À l'idée de me faire à manger, j'étais découragée. Greg allait rentrer très tard. Je n'avais qu'à remplacer une nouvelle fois le repas par un paquet de biscuits et aller me coucher.

« Une heurette ! » Damien avait une mine réjouie en nous dévoilant son nouveau mot précieux. « Est-ce que ce n'est pas magnifique ? Heur-ette. »

Éva leva un sourcil.

« Diantre... Et donc, ça désignerait... une demi-heure ?

– Tout à fait. »

Éva affichait une moue dubitative.

Dehors, il faisait nuit. Des trombes d'eau claquaient sur les vitres du Bouliste. La ville dégoulinait et je savourais la sensation de sécurité chaude et sèche que me procurait l'intérieur du bar. C'était samedi soir, Raoul passait la nuit chez ma mère. Greg, derrière le comptoir, discutait avec les quelques clients qui avaient osé franchir le seuil du bar en l'absence de Bougnat. L'ambiance était calme. Nous étions la table la plus agitée. Il faut dire que, contrairement à ce que laissaient penser les verres de bière devant nous, nous étions en pleine séance de travail. Depuis l'automne précédent, Éva, Damien et moi avions un projet : la création d'un dictionnaire. Pas un dictionnaire des mots en usage, plutôt un anti-dictionnaire, un dictionnaire de mots oubliés ou imaginaires qui nous charmaient et que nous espérions ainsi sauver. Une sorte de SPA lexicale.

Ce soir-là, Damien proposait donc d'inclure « heurette » dans notre refuge mais il était vexé par le manque d'enthousiasme d'Éva. Il attrapa sa pinte de bière avant de se caler au fond de sa chaise et de trancher.

« Tu es dénuée de toute sensibilité linguistique, c'est désespérant. »

Éva se redressa.

« Excuse-moi, c'est vrai que c'est mignon, heurette, mais on est loin de… » Elle marqua une pause, leva la tête et récita d'un air pénétrant et mystérieux : « Or comme il ruminait de suffêches pensées, le Jabberwock, l'œil flamboyant, ruginiflant par le bois touffeté arrivait en barigoulant. »

Damien frappa du poing sur la table et continua :
« Il s'en retourne galomphant, ô jour frabieux ! Callouh ! Callock ! Le vieux glouffait de joie. »

Le poème de Lewis Carroll *Le Jabberwock*, entièrement constitué de mots-valises inventés, était notre référence absolue.

Je les écoutais avec un léger plaisir, teinté de mal-être, d'angoisse et de déprime. Éva a passé son bras autour de mes épaules.

« T'as pas l'air dans ton assiette. »

Damien m'a regardée.

« Elle a raison. T'as l'air mi-figue, mi-merde.

– Non mais… c'est pas très intéressant. Je me sens mal, je sais que je vais mal, et je ne comprends pas pourquoi.

– Ça a commencé quand ?

– Après avoir vu la police pour parler de la fusillade. »

Damien sourit.

« Je ne connaissais pas cet effet secondaire des faits divers. »

Éva se tourna vers lui.

« Ça fait trop d'allitérations. »

Puis elle se recentra sur moi.

« Très bien. Et donc, tes voisins, ils représentaient quoi pour toi ? »

J'ai fait une grimace.

« Valérie et Stéphane ? Mais rien. À la limite, ils me rassuraient. Quand je trouvais ma vie un peu emmerdante, je pouvais toujours me dire que la leur était pire.

– Ça t'a donc ramenée à la vacuité de ton existence.

– Oui. Merci. Mais ce que je veux savoir, c'est comment on fait pour aller bien ? »

Damien secoua la tête.

« Me demande pas. Je ne vais jamais vraiment bien. »

Je regardais Éva avec espoir. Elle paraissait se concentrer pour fournir une réponse de qualité.

« Ce qui me fait du bien… Je crois que c'est de prendre des décisions. Je déprime quand j'ai l'impression de subir. J'ai besoin d'éprouver ma liberté. »

Je réfléchissais aux marges de liberté qui existaient dans ma vie. Quelle décision pouvais-je prendre ? Changer de fournisseur d'électricité peut-être ?

Éva avait un avis plus tranché.

« Déjà, arrête de tout refouler, ça sera un bon début. Tu veux toujours faire plaisir à tout le monde.

– C'est pas vrai.

– Si. Regarde avec Colette. Tu prends sur toi, tu vas te purger aux BMA et le reste du temps tu ne dis rien, tu essaies de faire en sorte qu'elle t'aime, que Greg voie que tu es une bonne belle-mère, que Raoul soit content de sa vie de famille. Comme tu ménages la Mouche et ta mère. Tu connais le principe de la charge émotionnelle ? »

J'ai hoché la tête de gauche à droite. Éva a continué.

« Tu fais passer les émotions des autres avant les tiennes. Les émotions, ce sont des signaux que ton corps t'envoie. Si tu n'y prêtes pas attention, c'est normal qu'au bout d'un moment, ça craque. »

Si ça continuait, Éva allait me découper un soleil en carton pour que j'exprime ma météo intérieure. J'avais mis mes deux mains autour de mon verre à bière, ça me calmait.

« Je sais pas… C'est pas du tout comme ça que je me vois. Je me vois… En colère. Tout le temps sur le point d'exploser et toi tu me dis un peu l'inverse.

– C'est pas incompatible, a commenté Damien, monsieur je-me-mouille-pas-trop.

– Tu te sens bouffée par la colère justement parce que tu ne la laisses jamais sortir. Tu as le droit de t'énerver. En fait, on a le même problème en inversé. Moi, je dois arrêter de me mettre en colère, toi tu dois la laisser s'exprimer. »

Je hochai la tête et puis je me levai pour demander à Greg une carafe d'eau.

À mon retour à la table, Damien m'a demandé :

« Tu as eu Lou au téléphone récemment ? »

Éva a soupiré.

« C'est reparti sur la mystérieuse petite sœur. »

Damien n'était pas uniquement mon meilleur ami, notre relation était plus complexe. Son père et ma mère avaient vécu ensemble quand nous étions enfants. Nous n'avions aucun lien génétique, pourtant Lou était notre petite sœur commune. Il n'existait pas de mot officiel pour décrire notre relation, nous n'étions pas demi-frère et sœur, ni beau-frère et belle-sœur. Nous avions inventé les termes « beau-mi-frère » et « belle-mi-sœur », néanmoins ils ne nous satisfaisaient pas.

Je lui avouai que Lou m'avait appelée mais que je n'avais pas eu la force de décrocher.

« Elle a un problème ? »

Damien a souri.

« Pas du tout. Elle va bien. Parfois, je me dis que c'est la personne la plus équilibrée de la famille. »

Au moment de partir, il pleuvait encore. En attendant sous l'Abribus, j'ai essayé de réfléchir à cette histoire de colère. Est-ce que crier me ferait du bien ? Aller dans la forêt et hurler jusqu'à m'éclater un poumon ? Le bus est arrivé, je suis montée. J'avais atteint un stade où ma propre déprime ne m'intéressait même plus. Finalement, j'ai préféré mettre mes écouteurs et me remplir les oreilles de musique.

En arrivant dans mon immeuble, j'ai entendu du bruit. J'ai coupé ma playlist. Des cris d'homme venaient du premier étage. L'autre ivrogne avait bien entamé son apéro lui aussi. J'ai pensé au pauvre môme qui devait supporter ça et puis, arrivée au deuxième étage, j'ai trouvé ledit môme assis sur le palier. Il était penché sur sa console portable. Il a levé la tête et il m'a souri.

Depuis combien de temps était-il là ? Il était beaucoup trop tard. Trop tard pour qu'il joue à la console, trop tard pour être debout.

J'ai hésité.

« Est-ce que tu veux que j'aille voir comment va ta mère ? Ou qu'on appelle quelqu'un ?

– Pas la peine. Ma mère, elle travaille. Elle est de nuit à l'hôpital. »

L'autre sac à vin était en train de gueuler tout seul. C'était pathétique. Mais il était minuit et demi, je n'allais pas laisser cet enfant comme ça.

Je lui ai dit : « Allez, viens. »

Et il s'est passé un truc miraculeux. Il m'a obéi.

Je n'avais tellement pas l'habitude que je suis restée interdite une seconde. Normalement, quand je donne un ordre à un enfant, il faut que je le répète au moins trois fois pour que la phrase entraîne un semblant de réaction. Et lui, il était debout, prêt à me suivre.

On est montés, je dégoulinais d'eau sur chaque marche. J'ai ouvert la porte de l'appart, je lui ai fait signe d'entrer pendant que j'allais étendre ma parka dans la salle de bains. Il essayait de jouer le mec à l'aise mais il était intimidé. J'ai cherché un drap que j'ai mis sur le canapé et je lui ai expliqué :

« Il est tard, il faut que tu dormes, tu ne peux pas passer la nuit dans cette cage d'escalier. Donc tu vas dormir ici, et demain, tu rentreras chez toi. Est-ce que tu veux que je descende prévenir ton père ? »

Il a écarquillé les yeux.

« Wala, surtout pas. Il va encore plus s'énerver. »

J'ai sorti une couette.

« Je peux envoyer un texto à ta mère alors.

– Oui, voilà, ça c'est bien.

– OK. Et tu t'appelles comment ?

– Lapouta. »

Il m'a dit ça comme ça. D'une traite. Lapouta. Comme si c'était un prénom courant. Vous ne connaissez pas la Saint-Lapouta ? Le 22 avril ?

« Tu plaisantes ? »

Je finissais de tapoter un oreiller.

« Nope. C'est comme ça que tout le monde m'appelle.

– Je ne vais pas t'appeler comme ça.

– Et bah alors, tu vas pas m'appeler du tout. »

J'ai soupiré et je lui ai tendu un tee-shirt et un short à moi en guise de pyjama.

« Mais pourquoi Lapouta ? »

Il a gloussé comme un bébé dindon.

« Crois-moi, tu préfères pas savoir. »

Il est allé se changer dans la salle de bains, puis il est venu se glisser sous la couette. J'ai posé sa console sur la table basse.

« Allez, bonne nuit, Lapouta. »

Il m'a répondu :

« Bonne nuit, Cloclo. »

C'était bizarre parce que je ne lui avais pas dit mon nom.

« Je l'ai vu sur le courrier.

– Ah, OK. Allez, dors bien. »

J'ai envoyé un message à Greg pour le prévenir qu'un préadolescent squattait notre canapé. Le lendemain matin, quand je me suis levée, Lapouta était déjà parti. Sa mère avait lu mon message mais n'avait pas répondu. J'espérais qu'il n'aurait pas de problème.

Deux semaines plus tard avait lieu un grand événement dans la vie du quartier, un événement dont l'annonce avait occupé toutes les discussions : une réunion d'information à l'école. A priori, rien de bien excitant, je vous l'accorde. Mais on disait que tout le monde y serait – tout le monde renvoyant en réalité à monsieur le maire.

L'objet de ce raout ? Rien n'avait filtré et les rumeurs les plus folles circulaient. Il s'agissait peut-être de l'annonce d'une modification de la carte scolaire ou du passage de la cantine scolaire en régie autonome ou d'une affaire de pédocriminalité.

En tant que parent d'élève, j'avais reçu un mail m'incitant fortement à venir. Je n'étais plus angoissée, mais je me sentais terriblement déprimée et triste. J'avais envie d'hiberner jusqu'au printemps et, dans cette optique, j'hésitais à sécher la réunion. J'avais sondé Éva qui devait savoir de quoi il était question, mais elle avait refusé de me répondre et s'était contentée d'un sobre « je te conseille d'être là ».

La réunion se déroulait dans le préau de l'école élémentaire à 18 h 30. Le soleil était déjà couché. Depuis quelques jours, la température avait chuté, il faisait un froid piquant. Dans la matinée, il avait même neigé mais les flocons s'étaient transformés en une boue collante.

Damien avait accepté de récupérer Raoul et de l'emmener à la maison pour que j'assiste à la réunion.

Le préau, couleur mayonnaise, avec ses portes-fenêtres en bois qui laissaient passer un petit courant d'air glacé, était à peine chauffé par trois radiateurs en fonte. Tout le monde gardait manteau et écharpe. Des chaises et des bancs avaient été installés face à deux tables, et derrière elles une toile pour rétroprojecteur était tirée.

J'ai cherché Éva du regard. Enfouie dans sa doudoune, elle était assise au premier rang à gauche. Je me suis faufilée pour la rejoindre.

David Deveillac, M. le maire, était déjà là, debout dans un coin, entouré d'une tripotée de gens qui m'étaient inconnus, à part la directrice de l'école, Mme Oliveira, qui affichait un visage préoccupé.

Le maire, lui, était souriant. Mais ça ne voulait rien dire, il souriait en toute circonstance, inauguration d'un centre d'accueil des réfugiés, d'une maison pour femmes battues, d'un EHPAD, annonce d'une augmentation de 30 % de la taxe foncière ou du prix de la cantine. Son sourire, c'était son costume officiel de maire, au même titre que sa veste bleu foncé, sa chemise blanche, sa fossette au menton et ses cheveux bruns avec la raie à droite.

Il devait sa réélection essentiellement au fait d'avoir placé Gabarny sur la carte de France. Pendant son premier mandat, il avait créé un comité de communication chargé d'améliorer l'image de la ville. Enfin… améliorer… Il s'agissait plutôt de donner une image à la ville. Au bout d'un an de brainstorming endiablé, un slogan avait été retenu : « À Gabarny, cap sur la vraie vie ! »

Pour le promouvoir, des affiches avaient été collées dans les rues. Elles avaient permis à toute la ville de s'offrir une belle tranche de rigolade.

L'infographiste avait manipulé les photos pour rapprocher la tour de l'Horloge, le clocher de la cathédrale et la forêt, mais il s'était montré un peu trop enthousiaste dans ses coups de stylet. Le résultat donnait l'impression que la ville était construite au cœur de la forêt, un peu comme le village des Schtroumpfs.

Le maire avait alors fait remarquer que les Gabarnais et les Gabarnaises connaissaient déjà la beauté de leur cité et qu'il valait mieux promouvoir cette campagne de communication dans le reste de la France. C'est ainsi qu'un matin de novembre, les usagers du métropolitain parisien avaient pu découvrir que la vraie vie était à Gabarny. Je les imaginais, gris de pollution, la goutte au nez, se faisant bousculer par la foule des autres travailleurs parisiens, levant les yeux et découvrant que la vraie vie était cachée dans une ville construite au cœur d'une forêt domaniale.

Mais pour ce deuxième mandat, David Deveillac avait compris qu'il était temps de s'occuper un peu plus précisément des affaires municipales. Ses administrés attendaient du concret. Depuis quelques mois, on le voyait écumer toutes les réunions, centres associatifs, tombolas solidaires de la ville. Sa présence ce soir à l'école n'était donc pas totalement une surprise.

Le brouhaha général montait en puissance au fur et à mesure que le préau se remplissait de parents encombrés de parapluies, de poussettes, de sacs de courses, de mallettes de travail. On se retrouvait en plaisantant, une phrase sur deux interrompue pour rappeler à l'ordre un enfant qui courait en criant entre les chaises, mais on était tous dans la même galère alors on restait compréhensifs.

Éva s'est penchée vers moi pour me demander si mon petit voisin était revenu squatter mon canapé.

« Oui, plusieurs fois. Sa mère lui a acheté un téléphone portable, type vieux Nokia, et il lui envoie un message quand il est chez moi.

– Et ça ne te dérange pas ?

– Pas du tout. Ça me donne l'impression de faire une bonne action. Et puis je l'aime bien.

– On finit toujours par s'attacher aux gremlins. »

M. le maire s'est levé ; il avait un micro à la main et un sourire rassurant. Le silence s'est fait assez rapidement.

« Bonsoir à toutes et à tous. Je vous remercie d'être venus aussi nombreux ce soir. Nous avons des informations importantes à vous communiquer concernant notre bien-aimée école. Des travaux vont être menés au cours de l'année afin d'assainir le terrain, riche de son passé industriel. »

On était toutes et tous hyper-concentrés pour essayer de comprendre.

« Ces travaux concerneront la cantine et le gymnase. Ils dureront sans doute jusqu'à la fin de l'année scolaire. Dans un premier temps, il va falloir installer le chantier, ce qui implique de faire venir des engins de taille importante. Cela entraînera malheureusement la fermeture de l'établissement pour une durée de trois jours. Il aurait évidemment été préférable que cela se fasse pendant les congés scolaires, mais ce n'était pas envisageable au vu du calendrier. »

Il y a eu une vague de murmures qui formaient comme un écho. « Ils ferment l'école ? » « Ils ferment l'école trois jours ? » « Mais comment on va faire ? »

« À la suite de cette installation du chantier, le quotidien des élèves sera le moins perturbé possible. Ils auront classe comme d'habitude. Il est évident que notre priorité absolue est la continuité pédagogique. Je m'engage personnellement à ce qu'elle soit maintenue.»

On avait l'impression qu'il nous annonçait un truc important sans que l'on comprenne quoi. Je scrutais le visage fatigué de la directrice.

Un père s'est levé pour demander:

«Mais de quels travaux s'agit-il?

– Eh oui, a répondu le maire. Eh bien, ce sont des travaux techniques dont nous allons vous donner le détail. J'ai souhaité que nous les menions le plus tôt possible.»

Plusieurs voix crièrent «quand?».

M. le maire sourit, visiblement très heureux de pouvoir enfin répondre avec précision à une question.

«Je comprends votre impatience. La fermeture de l'école aura lieu dans trois semaines, du lundi au jeudi. J'ai bien conscience que cela vous demande à toutes et tous une certaine adaptabilité. Pour aider celles et ceux qui ne pourront pas faire autrement, un accueil de certains enfants sera assuré dans d'autres écoles du quartier. Malheureusement, cela ne pourra pas concerner tous les élèves. Je vous demanderai donc, dans la mesure du possible, de garder vos enfants chez vous. »

Murmures, soupirs. Une galère de plus pour boucler un mois de février déjà pas très joyeux. Avions-nous vraiment besoin de ça ? Méritions-nous cette punition supplémentaire ? Je dois avouer qu'à titre personnel j'y voyais une excuse en or massif pour télétravailler trois jours. Mais au-delà de l'aspect logistique, nous avions la sensation que M. le maire était en train de nous faire un truc à l'envers, un truc pas très agréable et dont la nature restait non identifiée.

Le père qui était déjà debout a repris la parole :

« De quels travaux s'agit-il exactement ? »

Le maire est resté souriant.

« Concernant la dimension plus proprement technique, je préfère laisser la parole à des experts. M. Buchner va vous expliquer cet aspect du dossier. »

Il a tendu le micro à un jeune homme rasé de près dans un costume trop grand qui a pris le micro comme s'il s'agissait d'une bombe. Il a d'abord tapoté dessus en disant « Allô ? Allô ? Vous m'entendez ? ».

Quelqu'un a crié « ça marche, allez ». Une certaine impatience gagnait la salle.

« Oui, alors, heu, eh bien, je fais partie du bureau d'étude chargé de ce cas. Comme monsieur le maire vous l'a dit, il s'agit de travaux en lien avec le passé industriel de la parcelle. Il faut refaire la dalle de béton qui recouvre le bâtiment accueillant le gymnase et la cantine parce qu'elle présente des fissures. Ce qui est un peu normal au bout d'un certain temps. »

Une mère s'est levée. « Mais ces fissures sont graves ? Il y a un risque d'écroulement ? »

M. Buchner a eu un petit rire étouffé.

« Non, pas du tout. C'est pour une meilleure isolation des sols.

– On comprend rien. Vous pensez que c'est quoi le problème ?

– Nous, nous ne pensons rien. Rassurez-vous. C'est le BRGM, le Bureau des recherches géologiques et minières, qui a conseillé cette démarche. Et d'ailleurs, nous avons la chance d'accueillir une de ses représentantes à laquelle j'ai le plaisir de donner la parole. »

Passage du micro de la main du jeune monsieur à une femme d'une cinquantaine d'années dont le haut du corps était enroulé dans une immense étole fuchsia.

« Mesdames, messieurs, bonsoir. Je travaille donc au BRGM. Le ministère nous a confié la mission d'identifier des établissements dits sensibles. Principalement des crèches, écoles, collèges, lycées, ainsi que des centres sociaux, construits sur ou à proximité d'anciens sites aux activités industrielles polluantes. Parfois une grosse usine chimique, plus fréquemment encore une ex-station-service, tout simplement un pressing fermé ou une petite usine, dont la mémoire s'est souvent perdue. Chacun des établissements que nous avons identifiés s'est vu proposer un diagnostic, afin de vérifier s'il est effectivement pollué. Le BRGM a déterminé que l'école ici est en catégorie A concernant l'eau et le sol. En revanche, des mesures de la qualité de l'air l'ont classé en catégorie C pour le bâtiment du gymnase et de la cantine. »

Nous étions suspendus à ses lèvres. Je pense que jamais de sa vie cette femme n'avait été aussi intensément écoutée. Elle a avalé une gorgée de son verre d'eau, elle s'est retournée vers l'écran blanc derrière elle, elle a tendu le bras et d'un geste à la fois sec et magistral, elle a appuyé sur le bouton d'un bipeur qu'elle tenait en main. Aussitôt une photo en noir et blanc s'est affichée. C'était une vieille carte postale du quartier. On y voyait une sorte de bâtiment industriel. Je me suis demandé si la Mouche l'avait connu. Sans doute.

« Ce que vous voyez là, c'est une manufacture d'œillets métalliques. Les établissements NAC, présents sur le site de 1900 à 1970. Leur activité industrielle comprenait un atelier de travail de métaux, une machine à graisser, un atelier de vernissage et des fours à vernir. Tout cela est considéré comme une source potentielle de pollution. Cette activité a disparu en 1970, lors des travaux d'aménagement et d'agrandissement du groupe scolaire présent au sud de la parcelle dès 1885, comme vous le voyez sur ce plan. La cantine et le gymnase ont été bâtis sur l'ancien site industriel dont le sol était pollué. Ce n'était pas un problème puisque la dalle de béton empêchait les émanations de remonter. Mais cette dalle s'est abîmée, elle comporte des fissures par lesquelles des solvants chlorés volatils s'échappent. L'ARS, l'Agence régionale de santé, estime que la situation ne présente pas d'urgence sanitaire. Elle préconise néanmoins la mise en œuvre de travaux. »

Assommés. Nous étions assommés. Il y avait là une centaine de parents du XXIe siècle, c'est-à-dire des parents qui galéraient pour protéger leurs enfants de la malbouffe, des pesticides, du sucre, des écrans, du harcèlement, du porno et des réseaux sociaux, et voilà que des œillets métalliques du XIXe siècle étaient en train de les empoisonner pendant qu'ils mangeaient leurs flageolets et qu'ils tentaient de faire la roue.

Non seulement le quartier était rattrapé par un passé industriel qu'on avait cru pouvoir se contenter d'ensevelir, mais en plus il remontait à la surface de la pire manière possible, par l'air. Mon cauchemar absolu dans la mesure où l'on ne pouvait pas empêcher nos enfants de respirer.

Une mère s'est levée en tremblant.

« Vous voulez dire que depuis des années, nos enfants sont exposés à des polluants ? »

Une vague d'agitation a traversé le public. Je me suis moi-même revue à l'épicerie bio payer un rein à chaque fois que je devais racheter du lait, tout ça pour que mon fils nourri aux graines de sarrasin respire des émanations toxiques tous les midis.

Une voix a demandé :

« C'est quoi, ces polluants ? »

La femme en fuchsia a repris la parole :

« Il s'agit essentiellement de tétrachloréthylène et de trichloréthylène. Je comprends votre inquiétude mais je vous rappelle que l'ARS n'a pas décrété d'état d'urgence. »

Un père s'est levé, fulminant. Il aurait pu être beau, pourtant il était moche. On sentait que ça s'était joué à pas grand-chose, un problème de symétrie générale dans son visage.

« Vous empoisonnez nos enfants depuis des années et c'est tout ce que vous avez à dire, madame ? »

J'ai levé les yeux au ciel. On avait trouvé le mec qui allait pourrir la réunion avec des interventions inutiles. La dame fuchsia ne s'est pas laissé décontenancer. Elle a repris :

« Personne n'empoisonne personne. Je travaille au BRGM en tant qu'ingénieure, je suis là pour vous expliquer la situation. Je comprends que vous soyez inquiets, mais je pense qu'on peut en discuter sans tomber dans ce genre d'excès. »

Une mère s'est levée à son tour.

« Est-ce que nos enfants sont en danger ? Est-ce qu'il y a des risques d'effets secondaires ? »

La dame fuchsia a repris :

« Malheureusement, ma collègue de l'Agence de santé n'a pas pu être présente ce soir mais leur rapport est formel, il n'y a pas de raison de paniquer. »

Une autre mère a demandé :

« Et le potager partagé qui est en face de la maternelle ? Il nourrit plusieurs familles du quartier. Est-ce que les légumes sont comestibles ? »

La dame fuchsia a eu l'air embêtée. Elle a regardé les autres intervenants à sa droite, personne ne semblait pressé de récupérer le micro.

« Écoutez, ce n'est pas ma spécialité, mais je dirais que, dans le doute, il vaut mieux appliquer le principe de précaution et demander que des prélèvements soient faits pour analyser la qualité du sol. C'est un problème malheureusement courant dans ces quartiers qui ont une histoire ouvrière. On a cru qu'il suffisait de détruire les bâtiments ou de les réaménager. En réalité, il aurait fallu mener de véritables travaux de dépollution. »

Le mec moche a repris la parole :

« Arrêtez avec votre blabla ! Depuis combien de temps vous savez pour la pollution ? »

Le jeune homme en costume trop grand a dit que l'alerte de la BRCM datait d'il y a trois mois. Il a ajouté :

« Les travaux ne vont pas concerner l'ensemble du groupe scolaire. Uniquement les bâtis ajoutés dans les années 1970, donc la cantine et le gymnase. »

Le Moche s'est relevé ; il avait une tête de soupe à la tomate trop cuite.

« Moi j'aimerais que madame nous explique comment… enfin… ce qui va se passer. Demain, on va laisser nos enfants revenir ici alors qu'on sait qu'on les met en danger ? Vous plaisantez ! Il faut ouvrir une nouvelle école en urgence ! »

M. le maire a fini par reprendre le micro.

« Je comprends bien vos inquiétudes et je les partage. Néanmoins il n'y a pas de danger immédiat. L'ARS a dit que les élèves pouvaient revenir travailler. »

Mais le Moche n'était pas prêt à lâcher. Visiblement, il avait une cible en tête.

« Est-ce que madame en rouge peut nous dire combien d'enfants sont potentiellement malades ?! Et quelles maladies ils risquent de développer ?! »

L'interpellée semblait ébranlée par cet acharnement.

À côté de moi, Éva a craqué. Elle s'est levée, rageuse, en se tournant vers le Moche.

« Bordel ! Madame est ingénieure, pas médecin. Fichez-lui la paix ! Et puis c'est pas du rouge, c'est du fuchsia. »

Le Moche a tendu un doigt menaçant vers Éva.

« Ah, je vois ! Vous la couvrez ! En même temps, venant de vous, ça ne m'étonne pas. »

Je ne savais pas si le sous-entendu qu'il faisait était bien le sous-entendu auquel je pensais, à savoir qu'Éva est lesbienne, mais ça m'a rendue dingue. Je me suis aussi levée pour alpaguer le Moche.

« Venant de qui au juste ? Tu peux nous expliquer ? »

Je pensais qu'il se sentirait merdeux, or pas du tout. Il a commenté d'un ton sentencieux :

« On s'est très bien compris...

– Tout le monde est dans la même galère, ça sert à rien de s'engueuler. On est tous inquiets mais y a pas un complot contre tes enfants. Et puis arrête de monopoliser la parole en t'acharnant sur la dame en fuchsia. Elle n'y est pour rien. Elle est venue nous expliquer ce qui se passe. »

Des gens ont approuvé bruyamment. Éva et moi on s'est rassises, assez satisfaites de nous.

Une femme a demandé :

« Est-ce que les enfants devraient porter des masques à l'école ? »

Les experts se sont regardés. Le maire a repris la parole :

« Restons calmes. Il n'y a aucun problème dans les salles de classe, ni dans la cour. Je répète que nous sommes en catégorie A dans tout le reste de l'école. Nous allons mener les travaux de réfection nécessaires. Les enfants n'iront plus dans le gymnase, l'EPS aura lieu dans la cour. Quant à la cantine, nous sommes en train d'étudier les alternatives le temps des travaux. Évidemment, si davantage d'élèves pouvaient manger chez eux pendant la durée du chantier, cela nous soulagerait. » Il fit une pause et adressa un sourire charmeur à l'assemblée. « J'aimerais surtout profiter de ce qui nous arrive pour ouvrir sur l'avenir. Le groupe scolaire est ancien, nous allons transformer ce malheur en chance et effectuer des travaux de modernisation. Je tiens notamment à refaire la totalité des infrastructures sportives. Nous allons mener des travaux pour que tout soit mieux qu'avant. »

La suite de la réunion s'est déroulée sans accroc particulier mais dans une tension étouffante. Les gens reposaient sans cesse les mêmes questions, que risquaient les enfants, à quel point la situation était-elle dangereuse, mais personne n'avait de réponse précise à leur fournir. C'était parti pour finir très tard. Éva m'a fait un signe, j'ai acquiescé et on est sorties.

Dehors, il faisait un froid de gueuse. J'ai enfilé mon bonnet et enfoncé mes mains dans les poches de ma parka. Éva a mis des mitaines qui lui permettaient d'allumer une cigarette. On est restées silencieuses. J'ai fini par faire un commentaire inoubliable :

« Et bah… quelle soirée !

– Tu m'étonnes. Finalement, dix ans d'Éducation nationale, c'est déjà peut-être trop… »

J'ai ri.

« C'est sûr que Tarantino, il ne risque pas un œdème pulmonaire à chaque film… Qu'est-ce qu'on va faire ? »

J'ai regardé Éva, j'avais besoin qu'elle me donne la marche à suivre.

« À notre échelle, je vois mal ce qu'on peut faire. Ça nous dépasse. Pour une fois, je crois que le maire ne gère pas trop mal l'affaire. »

Elle a sorti un petit cendrier portable de sa poche.

« C'est pas ce trimestre que je vais arrêter de fumer. » Elle s'est tournée vers moi en souriant. « Mais je préfère me concentrer sur le positif. Tu l'as bien envoyé bouler le mec tout rouge. Tu vois, quand tu veux, tu peux gueuler.

– C'est parce qu'il s'en prenait à toi.

– Allez, c'est ton âme de Française qui a parlé. Continue comme ça, parce que j'ai l'impression qu'on n'est pas parties pour une période d'apaisement général. »

Le mercredi après-midi, j'étais à la maison en train de faire semblant de travailler quand on a sonné. Je savais déjà qui était derrière la porte. En ouvrant, c'était bien Lapouta qui attendait sur le seuil.

J'avais fini par croiser sa mère un matin. Elle devait avoir la trentaine et elle portait toujours des vêtements colorés. Ce jour-là, sous son caban bleu électrique, elle avait une jupe jaune et des bottes marron. Nous étions visiblement toutes les deux pressées, mais je lui avais dit : « J'espère que ça ne vous dérange pas que votre fils vienne chez moi de temps en temps. »

Elle m'avait adressé un sourire aussi craquant que celui de son fils et elle avait répondu : « Tant qu'il ne vous pose de problème, ça me va. C'est vrai que c'est petit chez nous, merci beaucoup.» J'avais voulu ajouter un truc, alors j'avais dit: «Si vous avez besoin de quoi que ce soit, je suis là, n'hésitez pas.»

Ce que je n'avais pas eu le temps de lui expliquer, c'est que son fils était l'une des rares personnes avec laquelle je riais cet hiver-là. Sa présence allégeait le poids de ma tristesse. J'adorais sa manière de triturer la langue, de m'apprendre de nouveaux mots que je n'emploierais jamais. À quelle occasion aurais-je pu dire «fais belek», «c'est guez» ou «on va faire ça en soumsoum»? Je restais néanmoins perplexe devant sa tendance à ne jamais utiliser de féminin. Il disait «frères» ou «les gars» en parlant à des filles et il me genrait systématiquement au masculin.

Il apportait de la gaieté dans ma vie. C'était ça qui me manquait peut-être. Pas de la colère, de la joie. On riait toujours avec Greg, mais on ne se voyait pas beaucoup. Puis il était fatigué. Et on avait des soucis, par exemple une école en train d'empoisonner nos enfants. On avait connu plus fendard comme contexte.

L'époque en général ne se prêtait pas à la grosse rigolade. J'avais lu quelque part que de nos jours, on riait deux fois moins que dans les années 1950. La France de René Coty se marrait plus que nous. On avait atteint un stade tellement pathétique qu'on abordait désormais le rire dans le cadre médical. Les médecins préconisaient dix minutes de rire par jour et je n'avais pas besoin de chronomètre pour savoir que je n'y parvenais pas.

Mais comment entretenait-on sa joie? Est-ce que c'était une compétence qui se travaillait à l'instar de la motricité fine? Est-ce que, comme pour le sexe, on pouvait se forcer un peu au début et ensuite ça roulait tout seul? Je n'allais tout de même pas m'inscrire à des séances de yoga du rire. Il me restait un minimum de dignité.

Mon yoga du rire, c'était donc Lapouta. Il y a des alchimies mystérieuses entre les gens. Certaines personnes font ressortir chez vous le positif. Ce jour-là, je lui proposai mes tartines spéciales. Beurre et Nesquick sur du pain de mie. Pendant que je les préparais et qu'il m'observait, assis de l'autre côté de la table, j'ai fini par lui poser l'inévitable question des adultes.

« Tu veux faire quoi plus tard?

– Investisseur. »

Il m'avait répondu d'un air très sûr. Je lui ai tendu sa tartine.

« Investisseur… Tu veux dire influenceur ?

– Wala non ! T'es fou ! Influenceur, c'est que des emmerdes. Moi, je veux investir de l'argent dans des projets qui rapportent encore plus d'argent. Comme si les billets de banque faisaient l'amour entre eux pour faire encore plus de billets.

– Ouais… C'est un résumé comme un autre du capitalisme financier. Mais c'est pas un travail.

– T'es tellement vieille… Parfois, je m'inquiète pour toi. » Il finit d'engloutir sa tartine. « Et puis, j'ai déjà commencé ma carrière d'investisseur.

– Ah bon ? Et tu as investi dans quoi ?

– La culture légale de cannabis et quelques cryptomonnaies.

– Tu plaisantes ? »

Je remarquais pour la première fois qu'il avait le sourire irrésistible de l'escroc.

« Nope. J'ai investi sur Internet. Rien de risqué, t'inquiète. D'ailleurs, je sais pas combien tu gagnes par mois mais ça doit pas faire bezef, et si jamais tu avais envie de te faire un petit arrondi en plus, je pourrais t'aider, tu sais. »

J'ai souri en lui tendant une deuxième tartine.

« C'est sympa, monsieur l'investisseur, mais ça ira.

– T'es sûre ? il m'a demandé la bouche pleine. Parce que c'est une vraie occasion à ne pas laisser passer. Même ma mère, elle m'a confié ses économies. Toi, tu dois bien avoir un peu de flouze qui dort sur un livret A, non ?

– Tain, mais t'abandonnes jamais ! »

Il a gloussé.

« C'est pour te rendre service, hein ! »

Mon téléphone s'est mis à sonner. J'ai regardé, c'était ma mère. J'ai décroché mais au lieu du traditionnel « allô, ma chérie, c'est maman » j'ai eu droit à une bouillie de mots. On aurait dit qu'elle pleurait.

« Maman ? Qu'est-ce qui se passe ? Calme-toi, je ne comprends rien.

– C'est cet homme qui vient de m'appeler. Il dit qu'il a des nouvelles de mon père. Mon pauvre papa…

– Hein ? Mais qui t'a appelée ?

– Je ne sais pas. Je n'ai rien compris.

– Je ne comprends pas bien non plus… »

J'ai immédiatement soupçonné un nouveau type d'arnaque qui ciblerait les femmes d'un certain âge.

« Il m'a laissé son numéro. J'étais trop bouleversée pour parler avec lui.

– Ah, très bien. Tu veux que je l'appelle ?

– Oui, ma chérie, ça serait formidable.

– OK, tu m'envoies son numéro par message et je m'en occupe tout de suite. »

On a raccroché. Lapouta m'a demandé d'un air inquiet :

« *Serious business ?*

– Je sais pas. C'était ma mère, j'ai rien compris.

– Bon, je crois qu'il vaut mieux que je reste avec toi, Cloclo. »

Il s'est levé pour mettre son assiette dans le lave-vaisselle pendant que j'appelais le numéro que ma mère m'avait envoyé. J'étais prête à gueuler sur cet emmerdeur. Une voix d'homme a décroché :

« Bonjour, monsieur Cohen à l'appareil.

– Bonjour… Heu… je crois que vous venez d'avoir ma mère au téléphone. Au sujet de son père. J'aimerais comprendre ce qui se passe.

– Ah oui ! Bien sûr ! Mme Berthoul… Elle était bouleversée. J'en suis désolé. Pourtant, je voulais simplement convenir d'un rendez-vous avec elle pour lui parler de monsieur son papa.

– Je suis sa fille, vous pouvez m'expliquer la situation ? Je n'ai pas bien compris votre profession.

– Bien sûr. Je suis généalogiste successoral et, dans le cadre d'un dossier dont je m'occupe, j'aurais souhaité m'entretenir avec votre mère.

– Ah… Et quel est ce dossier exactement ?

– Je vous prie de m'excuser, mais je préfère en discuter lors d'un rendez-vous à mon bureau. Dans mon milieu, nous traitons d'affaires délicates qui nécessitent des discussions de visu. Pourrions-nous convenir d'une date ? Vous pourriez venir avec votre mère ? »

Ça ne ressemblait pas à une arnaque, nous avons décidé de nous voir le mardi suivant. Les quelques jours qui nous séparaient du rendez-vous ont été l'occasion d'une série de conjectures dignes de l'enfant dégénéré d'Hercule Poirot et Nostradamus.

J'avais d'abord vérifié sur Internet l'existence de M. Cohen et de son bureau. Puis j'avais fait des recherches sur le noble métier de généalogiste successoral et découvert qu'il consistait à retrouver des descendants dans le cadre d'héritages non réclamés.

Je n'avais pas fait trois clics que je m'imaginais déjà millionnaire grâce à une partie oubliée de la famille. Après tout, la Mouche ne nous avait jamais rien dit sur sa belle-famille. Mon grand-père, Raymond Berthoul, dont nous n'avions hérité que le nom, était mort dans un accident de voiture quand ma mère était bébé. S'il n'avait pas laissé grand-chose à la Mouche, il devait bien avoir eu une famille avec des gens qui naissaient, gagnaient de l'argent et mouraient.

Cette nouvelle m'a sortie de ma dépression léthargique. Comme si mon hibernation psychique était finie. Tout compte fait, ce n'était ni la colère ni la joie qui manquaient à ma vie. C'était la richesse. Vous me direz, la richesse pour quoi faire ? Pour nous libérer de toutes nos entraves. Sortir du stress permanent. Gagner en tranquillité d'esprit. Et plus concrètement ? Si mes prévisions s'annonçaient justes et que je touchais le pactole, qu'allais-je changer dans mon quotidien ?

Je passai une nuit d'insomnie à y réfléchir. Greg ronflait un peu. Je me tournais et retournais sous la couette. Est-ce qu'on se lancerait dans un tour du monde avec les enfants ? Est-ce que j'achèterais un bar dont Greg serait le patron ? Au-dessus de la tringle à rideaux, la lumière blanche de la pleine lune passait. Qu'est-ce que j'avais vraiment envie de faire avec cet argent ? Je devais m'endormir à moitié parce que la réponse a pris la forme d'une image. Dans mon esprit, j'ai vu un monde où le racisme et la misogynie auraient disparu.

Pas du tout. Je plaisante. Je n'allais pas sauver le monde avec la moitié d'un héritage.

Ma vision était plus prosaïque. C'était une maison à la campagne. J'ai su avec une telle certitude que c'était ce que je devais faire que ça m'a réveillée.

Ne vous trompez pas. Je ne suis pas une personne vénale. J'ai longtemps pensé que l'argent ne faisait pas le bonheur – la preuve en est mon choix d'études supérieures. J'aurais pu essayer de m'accrocher en math au lycée, décider que les factorisations méritaient que je leur sacrifie mes week-ends, et j'aurais alors décroché un diplôme menant à un emploi rémunérateur. Mais plutôt que gagner de l'argent, j'avais préféré avoir du temps – même si je n'en faisais rien.

Comme disait Jean-Christophe avec son paréo à fleurs et sa tartine d'algues, le temps, c'est ma richesse.

Seulement voilà, ça, c'était avant. C'est ce que j'ai compris lors de cette insomnie. Tout ça, c'était une pensée du monde d'avant. Avec la crise climatique, la donne avait changé. Il fallait de la thune pour se mettre à l'abri. Avoir du temps libre, ça n'allait pas me servir à grand-chose pour nous préparer aux pénuries d'eau. Jean-Christophe n'avait pas l'air au courant, mais sa plage paradisiaque serait sans doute recouverte par un tsunami d'ici dix ans.

Peut-être que, finalement, ma dépression et mes crises d'angoisse n'avaient rien été de plus qu'une réaction somme toute logique aux catastrophes climatiques qui s'enchaînaient. Depuis quelques années déjà, je vivais avec la sensation qu'un compte à rebours s'était enclenché. Le problème, c'est qu'il était invisible. On ignorait combien de temps il nous restait.

Trois ans ? Cinq ans ? Dix ans ? Cinquante ans ?

Le changement était déjà en marche. On vivait un effet domino, la chute de chaque pièce entraînant celle de la suivante, jusqu'à la rupture. Jusqu'au jour où demain ne ressemblerait plus à aujourd'hui. Je n'étais pas encore préparée à ce monde-là. J'étais une représentante de la génération surgelés-plastique.

Quand j'étais petite, tout ce que je consommais était en portion individuelle rectangulaire entourée de trois couches de plastique. Je fais partie de ces enfants qui ont mis plusieurs années à comprendre que le lait de la bouteille venait d'un animal ou que le coton poussait sur une plante. Du fond de ma chambre à la moquette synthétique bleue, j'étais incapable de concevoir le moindre lien entre mon quotidien et la nature que je voyais à la télé.

À la radio, j'ai le souvenir que des grandes personnes disaient en parlant de nous : « Oh là là… ces enfants qui croient que les poissons sont carrés. » Ils étaient idiots, ces adultes. Je savais que les poissons n'étaient pas carrés, j'en voyais dans les aquariums. Et je savais tout aussi bien que le poisson pané du vendredi, ce n'était pas vraiment du poisson puisque précisément c'était carré, ça n'avait pas de nageoire, pas d'œil et surtout pas d'arêtes. Ça n'avait pas non plus de goût mais ce n'était pas grave parce qu'on l'arrosait avec du jus de citron, qui n'était pas du citron, je le savais aussi, puisque c'était un liquide qui sortait d'une petite bouteille en plastique alors que le citron c'était un fruit qui poussait quelque part sur terre.

À l'époque, évidemment, on entendait déjà parler d'écologie. Simplement, il n'y avait aucun lien entre ma vie et la préservation de la planète. L'idée générale c'était que, dans certains pays, de méchants hommes faisaient du mal aux animaux et comme nous les enfants on aimait les animaux, on trouvait que c'était vraiment honteux. Il ne fallait plus jeter du mazout sur les plages où les oiseaux se retrouvaient sales et morts, ni pêcher des baleines ou tuer des gorilles.

Je trouvais que c'était vraiment cruel de massacrer un éléphant pour lui arracher ses défenses, et puis je retournais étaler ma pâte à tartiner à l'huile de palme sur mes tranches de pain de mie industriel en espérant qu'un jour on arrêterait tous ces vilains braconniers qui détruisaient la nature. En même temps, comme on ne pêchait pas de baleines en bas de mon immeuble et que sur le chemin de l'école j'avais du mal à percevoir la diminution du nombre de gorilles, ça restait très vague ce truc d'écologie.

Je vivais dans le monde du transformé et de l'industriel, qui n'avait à mes yeux strictement aucun rapport ni surtout aucune incidence sur cet univers lointain et exotique qu'on appelait la nature. Je me disais qu'un jour, j'aimerais bien aller voir la nature. J'avais entendu parler de « classe de nature » et ça avait l'air super. Malheureusement, il n'y en avait pas dans mon école. Mais malgré tout, on nous assurait que nous, les enfants, on pouvait changer les choses, et tombait toujours la même recommandation, le truc qu'on nous vendait comme l'acte écologique le plus radical : il ne fallait pas laisser l'eau du robinet couler pendant qu'on se brossait les dents. En plus, ça coûtait cher. Alors je faisais attention et je pensais également à éteindre la lumière quand je quittais une pièce, et comme ça j'étais bien contente d'avoir sauvé des pandas. Trente ans plus tard, j'ai fini par voir les pandas du zoo de Beauval, ils ne m'ont pas adressé un regard de reconnaissance.

Et puis, au moment où ma génération surgelés-plastique devenait elle-même parent, alors qu'on faisait gouzigouzi à nos adorables bébés, le secrétaire général de l'ONU avait annoncé qu'il nous restait deux ans avant une menace existentielle directe et que notre planète approchait à grands pas de points de basculement qui rendraient le chaos climatique irréversible. Nous étions sur une autoroute vers l'enfer climatique, avec le pied sur l'accélérateur.

J'avais rêvé un temps d'un Churchill de l'écologie. Une personne qui aurait dit : « OK, on va devoir changer radicalement notre mode de vie, ça va être difficile, il y aura du sang et des larmes mais on doit le faire et, grâce à nos efforts, on va reconstruire une société plus juste. » À la place, on avait interdit les touillettes en plastique.

Depuis, j'attendais. En débardeur au mois d'octobre, je compostais consciencieusement mes déchets en espérant des décisions radicales des gouvernements.

Alors, cette nuit de pleine lune, j'ai décidé que j'en avais assez d'attendre et que cet héritage était l'occasion parfaite pour établir mon plan « fin du monde ». J'allais nous mettre en sécurité Greg, Colette, Raoul, Lapouta et moi. La mère de Lapouta si elle voulait. Éva. Damien. J'allais acheter une maison avec une source pas loin, un grand jardin pour faire un potager et un poulailler, installer un système de récupération d'eau, des panneaux solaires, un groupe électrogène, une piscine naturelle, que sais-je. Et nous pourrions vivre en quasi-autosuffisance.

Pour tout cela, il ne me fallait que des biffetons. Et comme finalement la vie était bien foutue, un généalogiste successoral allait me donner mon million. Ou peut-être à ma mère qui ensuite me le reverserait. OK, elle donnerait sans doute deux tiers à Lou rapport au fait qu'elle était sa préférée, mais il me resterait tout de même plus de 330 000 euros, une somme tout à fait acceptable.

J'étais surexcitée par mon projet. Dès le lendemain, je commençai à regarder les annonces immobilières et la carte des projections climatiques pour les cinquante prochaines années. Je décidai de tempérer un peu mon optimisme. Ce n'était peut-être pas un million tout rond qui allait tomber dans nos poches. En consultant les sites de ventes de maisons, je calculai que je pouvais me contenter de 120 000 euros. Ou disons 80 000 si on parvenait à droguer un banquier pour qu'il nous fasse un prêt. Je me trouvais extraordinairement raisonnable.

Le soir, Greg est rentré tôt, il ne faisait pas la fermeture. Il venait de se servir un verre de vin quand je lui expliquai mon plan. Il n'eut pas l'air de partager mon enthousiasme. Il me répétait :

« Mais si ça se trouve, tu te trompes, il ne s'agit pas du tout d'un héritage.

– Ah ouais, dans “généalogiste successoral”, tu n’entends pas “succession” ? Et qui dit succession dit thunasse. »

J’étais assise à la table, trépignant d’impatience, l’ordinateur ouvert sur des sites expliquant le travail de généalogiste successoral.

« Elle a raison », a confirmé Lapouta.

Il était en train de faire un puzzle avec Raoul sur la table basse du salon. Raoul le regardait bien sûr comme l’être le plus cool du monde.

« Il est encore là, le petit ? m’a demandé Greg.

– Oui, c’est un deal qu’on a conclu lui et moi », j’ai dit en me tournant vers Lapouta.

De loin, on s’est fait un signe de la main. En vrai, notre deal était simple. Il venait quand il voulait. Et il voulait souvent.

Greg a ouvert un placard de la cuisine et il en a sorti un emballage vide.

« Merde, qui a mangé mon chocolat ? »

Je savais que c’était Lapouta, mais j’ai répondu :

« Désolée, c’est moi.

– Je croyais que tu n’aimais pas le chocolat noir 80 % ? »

Effectivement, qui aime ça ?

« Ouais, mais j'avais la flemme de me faire à manger. »

Le regard suspicieux de Greg alla de Lapouta à moi avant qu'il tranche :

« Je sais quand tu bluffes, Berthoul. Inutile de me mentir.

– Ton chocolat t'intéresse plus que mon héritage ?

– Il n'y a pas d'héritage. Remarque, il n'y a pas de chocolat non plus. »

Je repoussai mon ordinateur d'un geste dégoûté.

« T'es chiant, Kowalski, t'es tout le temps négatif. Tu vois jamais le côté positif. »

Il a fini par s'asseoir à côté de moi.

« Ça m'évite d'être déçu.

– C'est la pire philosophie de vie du monde. »

Il a soupiré.

« Ça te fait vraiment plaisir d'imaginer ce qu'on pourrait faire avec une thune qu'on n'a pas ?

– Oui.

– Alors très bien. Allons-y, partons au royaume imaginaire.

– C'est vrai ? Je peux te montrer les maisons que j'ai repérées ?

– Oui… Est-ce que t'as aussi choisi la race des poules ?»

Lapouta a lancé :

«Je pense qu'il faut un élevage de lapins.»

Raoul a levé la tête.

«Oh oui, des lapins, c'est mignon !»

Lapouta a secoué la tête avec gravité.

«Des lapins pour les manger.»

Greg et moi, on s'est regardés et on a décidé de les laisser gérer leur discussion. Raoul ne s'est pas démonté.

«Non. On ne mangera pas les lapins.»

Lapouta a haussé les épaules.

«OK. Alors on vendra les lapins à d'autres gens qui les mangeront.»

Raoul a eu l'air satisfait de ce compromis. Ils se sont serré la main. Greg s'est marré :

«Il a le sens des affaires, ton Lapouta.»

Avec ma mère, nous étions tombées d'accord pour ne rien dire à la Mouche. On préférait savoir de quoi il retournait, le sujet de son mari ayant toujours été délicat. C'était comme si elle lui en voulait d'être mort et de l'avoir laissée seule avec deux enfants en bas âge. Alors que bon, en toute franchise, le type n'y était pas pour grand-chose, il avait été victime d'un banal accident de voiture après avoir picolé.

Pour ne rien arranger, la Mouche avait déjà un problème à gérer. Le jour du rendez-vous, j'étais avec ma mère devant l'immeuble de M. Cohen, une belle construction bourgeoise, avec les noms des architectes gravés au-dessus de la porte d'entrée en fer forgé. Nous étions en avance de dix minutes et ma mère préférait qu'on attende en bas, elle voulait me parler de quelque chose.

« Il y a un souci avec la Mouche.

– Tu veux parler de sa méchanceté ?

– Mais non ! Un vrai problème ! Le maire, David Deveillac, m'a informée qu'elle devait déménager. Il dit que le studio qu'elle occupe doit être rénové. Il lui propose une place dans un studio plus grand mais dans une résidence médicalisée à l'autre bout de la ville. »

J'ai explosé de rire.

« Et il croit vraiment qu'il va réussir à s'en débarrasser comme ça ? »

Ma mère a souri.

« Oui. Il n'a pas compris à qui il avait affaire. Elle n'acceptera jamais de bouger.

– Mais surtout, il vient de déclencher une guerre. Elle ne lui pardonnera pas d'avoir proposé ça.

– Je sais. Ça m'ennuie pour lui. Quand j'en ai parlé avec elle, j'ai vu des mitraillettes dans ses yeux. Bon, il est l'heure, on peut monter. »

M. Cohen nous a reçues dans une jolie pièce avec des moulures et un bureau en bois encombré de dossiers. Il avait à peu près l'âge de ma mère et j'ai constaté que celle-ci se redressait et se mettait à sourire. Elle est incorrigible. Jamais vu une meuf aussi au taquet. M. Cohen a écarté les mains avant de les reposer sur une grosse chemise en carton rouge qui était posée devant lui avec le nom BERTHOUL écrit au marqueur noir.

« Eh bien, mesdames, nous voilà réunis à l'occasion d'une circonstance un peu particulière. J'aimerais d'abord me présenter. Je suis généalogiste successoral. Mon métier consiste à retrouver des héritiers. Vous êtes bien madame Berthoul ?

– Oui, a soufflé ma mère. Je vous ai apporté ma pièce d'identité et mon livret de famille comme convenu.

– Très bien. »

Il a caressé la chemise rouge où reposaient peut-être les millions qui allaient permettre à ma vie de prendre un nouveau départ.

« J'ai été chargé par Actepo Entreprise, c'est un promoteur immobilier, de retrouver les héritiers de M. Raymond Berthoul... Actepo a en effet un projet immobilier qui, pour se développer, nécessite de faire l'acquisition d'un logement officiellement occupé par monsieur votre papa. »

Ma mère a secoué la tête.

« C'est là que quelque chose m'échappe et qu'il y a sans doute un malentendu. Mon père est décédé il y a soixante ans. Je ne l'ai presque pas connu. Comment pourrait-il occuper un logement ?

– Ah… Eh bien… Nos informations sont donc divergentes. Quoique… »

Les mains de ma mère commencèrent à trembler.

« Vous voulez dire qu'il est vivant ?

– Non. Il est décédé. »

Elle a poussé un immense soupir de soulagement.

« Après plusieurs envois de recommandés, et sans nouvelles de l'habitant de l'appartement, il a finalement été décidé de forcer la porte du logement. En effet, les voisins ne voyaient plus passer personne. À l'intérieur du logement (M. Cohen baissa la voix avec respect), nous avons eu le chagrin de trouver monsieur votre père. Décédé. »

Vu que mon grand-père était mort dans un accident en 1956, il paraissait peu probable qu'on l'ait trouvé dans un appart cette année. À moins qu'on ait volé son cadavre au cimetière, mais pour quoi faire ?

« Attendez, a dit ma mère. Je vous répète que c'est impossible.

– Est-ce que votre père est bien M. Raymond, Albert Berthoul ? Né à Gabarny le 2 décembre 1928 ?

– Oui.

– Je suis donc au regret de vous informer qu'il a été trouvé décédé dans son appartement il y a quelques semaines. »

Comme j'étais toujours sur ma piste vol de sépulture, j'ai demandé :

« Mais il était mort depuis combien de temps ? »

L'expert a pris un air désolé.

« C'est effectivement une information délicate. Il semblerait qu'il reposait là depuis plusieurs années.

– Quarante ans, non ? Il était mort depuis quarante ans avec plus ou moins vingt ans de marge d'erreur.

– Non. L'autopsie est formelle. Il était décédé depuis six ans. Si cela peut apaiser votre chagrin, il est mort paisiblement. Il a été retrouvé assis dans son fauteuil. »

Je tentai de rassembler les informations. Si c'était vraiment lui, cela signifiait que le type avait fait croire qu'il était mort, avait abandonné sa famille et fini tout seul dans son fauteuil... Mais, point positif, ce genre de double vie était on ne peut plus compatible avec l'idée d'un magot planqué quelque part.

«Et... heu... où est ce logement?»

Je voulais surtout demander où étaient les millions, pourtant je n'osais pas être aussi directe.

«À Lille.

– Hein?»

Lille, ça ne pouvait pas rimer avec richesse et fortune. J'ai senti mon million se recroqueviller et perdre au moins un zéro.

«Votre grand-père vivait à Lille, a insisté le généalogiste. Vous n'avez aucun lien avec cette ville?

– Heu... bah non. Rien.»

Je me suis tournée vers ma mère.

«Ça t'évoque un truc, Lille?

– À part la braderie? Rien.»

Elle s'est adressée au généalogiste successoral en parlant très lentement:

«Vous êtes certain que vous ne faites pas erreur?

– Positivement certain, oui. Je comprends que ce soit un choc. Mais dans mon métier, ce n'est pas si incroyable. Nous rencontrons souvent des cas étonnants. J'ai envie de dire que l'étonnant est notre quotidien.

– Et… heu… il faisait quoi à Lille ? Il avait une famille ?

– D'après mes recherches, il n'avait pas de famille. Il tenait une cordonnerie. »

J'ai pris mon courage à deux mains.

« Et… heu… il y a un… héritage, j'imagine ? »

M. Cohen tapota la chemise rouge du plat de la main.

« Alors, c'est précisément l'objet de mon intervention. Votre grand-père était propriétaire de son appartement, celui que mon client, Actepo Entreprise, souhaiterait racheter. Une offre vous sera donc faite.

– C'est un appart comment ? Grand ?

– Non, c'est un modeste deux-pièces. Comme il y a également des notaires dans l'entreprise, je me suis permis de vérifier avec eux. M. Berthoul n'avait pas laissé de testament. La succession revient donc à ses enfants. » Il se tourna vers ma mère. « Vous, madame, et…

– Gérard. Mon frère aîné.

– Voilà. D'ailleurs, je n'ai pas trouvé trace de votre frère. Il est toujours parmi nous ?

– Oui… heu… c'est compliqué. Mais je ne

comprends pas bien. Ma mère n'hérite pas en priorité ? »

Monsieur a levé les mains au ciel.

« Madame votre mère est toujours parmi nous ? »

On a hoché la tête.

« Eh bien, dans ce cas, vous pouvez choisir de vendre l'appartement à mon client. Un quart de la vente ira à votre mère. Votre frère et vous, vous vous partagerez les trois quarts restants. »

J'ai claqué mes mains sur mes cuisses.

« C'est très bien tout ça. Mais on parle de quelle somme au juste ?

– Actepo vous propose un rachat à hauteur de 130 000 euros. Ce qui fait, si je ne m'abuse, 32 500 euros pour votre grand-mère, et 48 750 euros pour chaque enfant. Sans frais de succession bien sûr ! »

Donc environ 48 000 pour ma mère, divisés entre Lou et moi, 24 000 euros. Putain, Greg avait raison. Notre vie n'allait pas changer. Avec 24 000 euros, je pouvais à la limite nous acheter un parking à Limoges. Je me voyais dans un sous-sol, soulever la porte en acier d'un box et dire aux enfants : « Regardez, c'est ici que nous vivrons la fin du monde, on va être bien. »

Mon niveau de seum était stratosphérique. Mon seum avait rejoint la sonde spatiale Voyager 1.

Je me tournai vers ma mère. Elle était toute pâle. Je lui ai saisi la main, comme si j'avais peur qu'elle s'envole. Elle a repris la parole d'une voix blanche :

« Mais tout de même, je ne comprends pas. Mon père est mort il y a soixante ans. Ou alors… c'était une mise en scène ? »

M. Cohen a tendu la main vers elle. Il avait peur lui aussi qu'elle s'envole.

« Écoutez, cela dépasse le cadre de mon travail. Je n'ai pas la réponse. Mais peut-être que vous la trouverez sur place.

– Sur place ?

– À Lille, oui. Il va falloir que vous vidiez l'appartement. J'ai ici les clés et divers documents à vous remettre. »

En sortant de là, ma mère avait l'air d'avoir été renversée par un semi-remorque. Elle secouait la tête en murmurant « pas possible ». Elle s'est tournée vers moi et elle m'a demandé: «Je ne comprends pas, il n'était pas mort alors?»

Je détestais la voir avec cet air de petite fille perdue. C'était insupportable. On est rentrées en marchant lentement sous un ciel bleu et froid.

Devant l'école, j'ai vu que le dernier collage féministe ELLE LE QUITTE, IL LA TUE avait été recouvert. Par-dessus, on lisait LE CUH VAINCRA et en plus petit COLLECTIF UNI DES HOMMES. Qui étaient ces types? On disait que tuer une femme, ce n'était pas bien, et ils trouvaient ça insupportable. Pas qu'on tue une femme, hein, mais qu'on puisse le dénoncer sur un mur.

On continuait de marcher en silence. Je n'avais jamais vu ma mère aussi ébranlée, et je ne savais pas quoi dire pour la réconforter. Elle avançait, penchée en avant, la main accrochée à la bandoulière de son sac à main. Pour l'instant, si on devait résumer l'affaire, ce n'était pas glorieux.

Son père avait mis en scène son décès et planté là femme et enfants. Si au moins il s'était barré avec quelqu'un d'autre. S'il avait eu une nouvelle famille. Même pas. Il les avait abandonnés pour rien. Pour réparer des semelles tout seul à Lille. C'est dire le degré d'affection qu'il devait avoir pour ses enfants.

J'essayais de me rappeler ce que je savais de cette histoire. En réalité, pas grand-chose. La Mouche n'avait jamais été très diserte sur le sujet. Il me semblait que mes grands-parents se connaissaient déjà à l'époque de l'école primaire. Mon grand-père avait été un ado résistant. Très vite à la Libération, ils s'étaient mariés. Il avait fallu une autorisation spéciale des parents de la Mouche parce qu'elle était trop jeune. Il y avait eu un enfant mort-né, puis la naissance de mon oncle Gérard et celle de ma mère en 1954. Ils tenaient ensemble une quincaillerie. Enfin, je crois que, officiellement, la Mouche était femme au foyer, mais, en vrai, elle s'occupait du magasin avec lui.

Et un jour, il était mort au volant de sa voiture. Elle s'était retrouvée seule avec les petits. Elle avait bossé et repris ses études. Elle était devenue prof. Et puis tout le reste. Elle partait en voiture chercher les enfants du bidonville pour les forcer à aller à l'école. Elle avait créé le centre du planning familial de la ville. Elle s'était même formée à la méthode

Karman pour pratiquer des avortements clandestins, etc.

Après cette longue marche silencieuse, j'ai promis à ma mère que j'irais avec elle à Lille. Vu son état, il était évident qu'elle ne pourrait pas s'y rendre seule. J'ai appelé ma sœur, qui, certes, ne pouvait pas faire grand-chose depuis Barcelone. Cela étant, elle aurait pu envisager de rentrer mais ça ne semblait pas à son programme. J'étais en kit mains libres, les écouteurs dans les oreilles et le téléphone dans la poche de mon jogging, en train de surveiller Raoul qui rejouait une bataille navale dans son bain.

« Je crois que je vais arrêter les cours de danse.

– Ah oui ? Et tu vas faire comment pour gagner ta vie ? Je sais que Barcelone c'est pas cher mais il faut bien que tu travailles, non ? »

Je m'entendais parler comme la pire vieille aigrie du monde, pourtant c'était plus fort que moi.

« Je vais devenir tatoueuse.

– OK… Il y a une formation ?

– J'ai commencé à m'entraîner. Je te montrerai, j'ai fait une partie de ma jambe. »

Là, Raoul m'a demandé : « C'est tata au téléphone ? – Oui, c'est Tata Lou. »

« Mais c'est pas un peu risqué de te tatouer toi-même ?

– Au pire, c'est moche. Mais au moins, ce sera mon moche.

– Audacieux… Je suis contente pour toi, pour cette nouvelle aventure.

– Merci. Je n'en ai pas encore parlé à maman. »

J'ai relevé la tête. Notre mère avait beaucoup de qualités, mais je pressentais que, dans le contexte actuel, l'autotatouage du corps de sa cadette pouvait déclencher une crise familiale.

« Alors, Lou… Je te conseille de ne pas lui en parler pour l'instant. Elle est déjà complètement retournée par l'histoire de son père.

– Ouais, enfin… c'est important quand même.

– Bien sûr, mais derrière, je vais devoir la gérer et là, je suis déjà presque à saturation. Sauf, évidemment, si tu prévois de venir. Dans ce cas, tu pourras voir ça directement avec elle… »

Le coup était bas. Il y a eu un silence. Lou a embrayé sur autre chose.

« Mouais… Et la Mouche ? Comment elle prend la résurrection de son mari ?

– Raoul, attention à l'eau ! Hein ? La Mouche, on ne lui a pas encore dit. On y va justement demain pour lui expliquer. Et puis, il y a des papiers à lui faire signer pour la succession.

– De toute façon, cette vieille peau, rien ne l'ébranlera jamais.

– T'es dure.

– Je ne comprendrai jamais votre passion pour elle, à maman et toi. Elle est méchante. Cette femme est une saloperie.

– Tout ça parce qu'une fois elle t'a dit que tu sentais mauvais.

– J'avais quatorze ans, et elle m'a traitée de tas d'ordures malodorant ! »

Quinze ans qu'on avait la même discussion mais je ne m'en lassais pas. J'en gloussais encore.

La Mouche nous en avait mis plein la gueule à toutes les deux, ou même toutes les trois si on incluait ma mère dans le nombre de ses cibles, mais Lou n'avait jamais accepté ses méchancetés. Elle ne parvenait pas à laisser couler. Elle avait développé une rancœur proche de la haine envers notre grand-mère. Je ne partageais pas son ressentiment. La Mouche était dure, elle vous balançait des vacheries à la tronche, elle prenait un plaisir cruel à bousculer les gens, mais techniquement, elle avait consacré sa vie à aider les autres. C'était mère Teresa croisée avec Hannibal Lecter.

En comparaison, je trouvais que ma vie ne brillait pas de mille feux. Enfin, si, sur ma tombe, on pourrait inscrire en épitaphe « Elle était une voisine convenable ».

Quant à ma mère, elle avait hérité de l'énergie de la Mouche mais elle avait choisi de la mettre plutôt au service de sa sexualité. Ce qui exaspérait la Mouche qui regardait sa fille comme une nullité totale. Moi, là-dedans, j'avais l'impression d'être spectatrice de leur histoire d'amour tordue. Quant à Lou, elle en avait eu assez et avait préféré partir en Espagne. Un choix discutable dans le contexte du réchauffement climatique. Il faudrait que je prévoie une chambre pour elle dans mon abri anti-fin du monde. Je pourrais lui aménager une tiny house dans le jardin.

Même si j'avais abandonné mon rêve d'un demimillion me tombant du ciel suite à un héritage providentiel, je n'avais pas enterré pour autant mon projet de maison de campagne. Passée la déception, il me restait une conviction. J'avais découvert ce dont j'avais envie. Ce qui donnait un sens à ma vie. J'avais trouvé ma tartine d'algues.

Maintenant que j'avais décidé d'acheter cette maison, restait à dégoter l'argent. J'espérais qu'Actepo avait sous-estimé la valeur de l'appartement. Et même si je devais me contenter de 30 000 euros, c'était un début.

Le lendemain, quand je suis arrivée aux Mimosas avec ma mère, nous avons trouvé la Mouche encore plantée sur son balcon, en train de défier du regard le jardin de la mairie.

Elle s'est tournée vers moi.

« Tu es au courant ? Tu sais ce qu'il veut me faire ce gougnafier ?

– Oui, maman m'a dit. J'imagine que tu n'envisages pas de visiter le studio qu'il te propose ?

– Qu'est-ce qu'il croit ? Qu'il peut me mettre à la porte de chez moi ? Je ne bougerai pas. Il est pas au bout de ses surprises, celui-là… »

Ma mère a préparé des chocolats chauds à l'ancienne, un truc tellement épais que la cuillère pouvait tenir debout dans la tasse. On s'est assises toutes les trois autour de la petite table ronde recouverte d'une nappe brodée. La Mouche a avalé une gorgée de chocolat par l'orifice du visage qui lui sert de bouche. Ça donnait vraiment l'impression d'un trou qui s'ouvrait et s'élargissait pour laisser passer le liquide. C'était répugnant et fascinant. Et je vous épargne le bruit de déglutition dans sa canalisation interne. Elle nous a regardées et elle a demandé :

« Bah, qu'est-ce que vous avez ? Quelqu'un est mort ?

– Justement, a commencé ma mère. Nous avons eu une nouvelle… étonnante. Au sujet de papa. »

La Mouche a froncé le visage. Pas les sourcils, tout le visage, ce qui a provoqué l'apparition de rides supplémentaires. On aurait dit un rocher qui prenait vie.

« Ton père ? Ce bon à rien qui a nous a laissé tomber à cause de la picole.

– Oui. Précisément. Aussi incroyable que ce soit, il semblerait qu'il n'est pas mort dans un accident de voiture en 1956. »

La Mouche n'a rien dit. Elle écoutait. Elle semblait bien encaisser la nouvelle alors ma mère a poursuivi :

«Il aurait mis en scène son accident et il serait parti. À Lille. Il aurait ouvert une cordonnerie et il aurait vécu là-bas pendant des années. Il est décédé il y a six ans. Tout seul, chez lui. On vient juste de retrouver sa dépouille.»

J'aurais juré avoir vu un éclair de satisfaction dans les yeux de la Mouche.

«Mais d'où ça sort, cette histoire?»

J'ai pris le relais.

«C'est un généalogiste qui a retrouvé maman et nous a contactées. Comme le grand-père était propriétaire de son appart, on en hérite.

– Toi, toujours la première sur les histoires d'argent», m'a lâché la Mouche.

Ma mère a repris la parole, elle était émue.

«Est-ce que cette histoire t'étonne? Est-ce que, à un moment, tu as eu un doute sur l'accident de voiture? Est-ce que… je suis désolée de te demander ça, mais est-ce que tu as vu sa dépouille?»

La Mouche a bu une autre gorgée de chocolat avec un bruit qui m'a aussitôt soulevé le cœur.

«C'était pas quelqu'un de bien, tu sais.»

Ma mère a hoché la tête.

« Oui, je sais. Mais il n'éprouvait rien pour nous ? Pour ses enfants ? Et pourquoi tout ça ? Pourquoi ne pas divorcer ? »

La voix de ma mère tremblait, c'était encore plus malaisant que les bruits de bouche de l'autre centenaire.

« Ce type… il était lâche. Voilà. C'était un lâche.

– Bah, il était dans la Résistance quand même.

– Oh… il avait dix-sept ans… Et y avait des lâches dans la Résistance. D'ailleurs, ça a commencé avec la Résistance. »

Elle s'est arrêtée. On l'a regardée. On sentait qu'elle allait nous cracher un truc. Elle a passé la main sur la nappe pour rassembler des miettes qui traînaient.

« Dans la Résistance, il y avait de tout. Et notamment, pas mal de bandits. On pouvait être un malfrat patriote. Un des hommes que Raymond avait connu dans la Résistance se faisait appeler le Forain. Il s'était enrichi en faisant de la contrebande de cigarettes et du trafic de filles. Il avait fourni les GI américains en prostituées. Et l'autre nase là, ton père, il avait trempé là-dedans. Il devait changer une partie de l'argent en or. Mais je ne sais pas ce qui est arrivé, tu penses bien, j'étais une femme, on ne me disait rien. En tout cas, ça s'est mal passé leur affaire. Et puis, il y a eu l'accident de voiture. » Elle a laissé un silence. Du bout du doigt, elle s'amusait à écraser une miette de baguette. « Alors je ne suis pas complètement étonnée. À l'époque, on m'a dit qu'il n'était pas dans un état qui permettait que je voie le corps. C'est bien possible qu'il ait décidé de s'enfuir en faisant croire qu'il était mort.

– Mais… il ne t'aurait pas prévenue ?

– Ça n'était pas le grand amour entre nous. Depuis que j'avais appris qu'il touchait à l'argent de la traite des femmes, on ne se parlait presque plus.

– Mais pourquoi tu ne m'as jamais raconté ça ?

– Ton père touchait l'argent des putes, et il a peut-être fait croire qu'il était mort pour échapper au grand banditisme, tu voulais que je t'explique ça ? Merveilleuse histoire pour se construire. Si je t'avais dit ça, y avait une chance sur deux que tu finisses pute. J'ai bien vu la reproduction sociale comment ça se passait. Il faut raconter une histoire acceptable aux enfants. »

Là, je n'ai pas pu m'empêcher.

« C'était peut-être comme ça avant, mais de nos jours, on a tendance à penser que l'honnêteté est plus profitable. »

Elle a jeté la miette de pain d'une pichenette.

« Et puis merde, j'ai fait du mieux que j'ai pu. Tu crois que c'était facile pour une femme à l'époque ? Une femme seule, avec deux enfants ? Je me suis consacrée à ma vie. Et lui, bah, bon débarras. De toute façon, même quand il était là il servait à rien. Je vais te dire, ma petite, on était mieux sans lui. »

Je ne sais pas ce qui m'a pris, peut-être l'influence de la discussion avec Lou la veille, j'ai eu envie de la piquer un peu.

« Et tonton Gérard ? Tu crois vraiment que le mensonge, ça lui a fait du bien ? Peut-être que c'est pour ça qu'il est… comme ça. »

Je ne vous ai pas parlé de Gérard pour l'instant ; de toute façon, il n'a aucune importance dans cette histoire. Mon oncle est paranoïaque. On ne sait pas où il vit, ni ce qu'il fait. Il est persuadé d'être poursuivi. J'ai des nouvelles de temps en temps. Quand il appelle, je décroche, il raccroche. Il rappelle, je ne décroche pas. Il raccroche. Et puis, il rappelle et cette fois, je dois décrocher tout de suite et il me parle. Je l'aime bien. C'est un peu comme avoir un correspondant étranger. On ne se comprend pas, on ne se connaît pas, mais à force, il y a une forme d'affection qui s'installe.

La Mouche n'a pas eu l'air d'adhérer à l'idée qu'avoir menti toute sa vie à son fils avait pu avoir une conséquence sur son psychisme. Elle m'a rétorqué :

« Tes trucs de psy à la con, tu les gardes pour toi. Gérard va très bien. Il est juste un peu original.

– Ou alors… » a enchaîné ma mère en laissant sa phrase en suspens.

On s'est regardées toutes les trois. La fin de sa phrase, on la connaissait. Ma mère est très romanesque, elle avait émis plusieurs fois l'hypothèse que son frère n'était pas siphonné du goulot mais qu'il était agent secret.

J'ai repris :

« Bref. Tu aurais pu nous raconter tout ça avant. »

La Mouche a fait un geste vers ma mère.

« Regarde dans quel état ça la met.

– Excuse-moi, mais je découvre que mon père m'a abandonnée.

– Oui, bah heureusement que j'ai attendu tes soixante-dix ans pour te le dire. À dix ans, je sais pas comment tu aurais encaissé… »

L'espace d'un instant, j'ai pensé que je comprenais pourquoi Lou était partie vivre à des centaines de kilomètres.

Il a fallu organiser le voyage à Lille avec ma mère. Je voulais partir le plus vite possible pour fouiller l'appart et trouver des réponses. Mais cela tombait pile au moment où l'école devait fermer pour l'installation du chantier. Or, comme le maire l'avait rappelé, nous étions vivement invités à garder nos enfants à la maison. Vu la situation financière du bar, Greg pouvait difficilement prendre des jours de congé. Je décidai donc d'emmener Raoul avec nous. J'envisageais une répartition simple : j'allais m'occuper de l'appart et ma mère de Raoul. Seul point positif, c'était une semaine où Colette était avec Andréa. Me trimballer les deux enfants aurait été trop compliqué.

Le lundi, je suis allée aux BMA, j'avais loupé plusieurs réunions ces dernières semaines. D'abord, il y a eu un homme, Clément, infographiste, pas d'enfant, en couple depuis six mois avec une femme qui avait une petite fille. Il venait aux réunions de temps en temps depuis trois mois. Clément était fascinant. Il savait mieux que sa compagne comment elle aurait dû élever sa fille.

Vous allez me dire, aux BMA, la règle d'or, c'est la solidarité. C'est vrai. Et nous la respectons. À chaque fois qu'il expliquait que sa compagne devait couper le cordon avec sa fille, malgré mon exaspération intérieure, je hochais la tête. Mais Clément n'était jamais là pour partager une souffrance. Il venait pour donner des leçons d'éducation. Clément, c'était Jean-Jacques Rousseau. Ça vous pondait un traité de mille sept cents pages pour expliquer comment élever les enfants alors que ça avait abandonné les siens.

Ensuite, il y a eu Sophie, belle-mère de deux adolescents. Son problème, c'est qu'elle venait de se séparer de leur père après douze ans de relation et qu'elle avait très peur de perdre le contact avec des enfants qu'elle avait pourtant élevés. Elle avait exercé l'autorité parentale sur eux mais désormais, elle se disait que ça n'avait été qu'une fiction. Elle n'allait pas demander une garde un week-end sur trois. Leur relation n'avait jamais vraiment existé en dehors du triangle formé avec leur père. Elle a fondu en larmes.

À mon propre étonnement, son émotion a résonné en moi. Étant une horrible personne bercée par le capitalisme, j'ai parfois tendance à envisager les choses sous l'angle de l'investissement. M'investir émotionnellement avec Colette, si je risquais de la perdre ensuite, est-ce que ça valait vraiment la peine ? Je me rendais compte que c'était un des freins à ma relation avec elle. Si on m'avait promis qu'elle resterait dans ma vie jusqu'à la porte de l'EHPAD, j'aurais sans doute eu une attitude différente.

Je suis sortie de la réunion en me disant que je devrais travailler sur cette peur. Mais avant cela, j'avais un trésor à récupérer.

La vie étant une petite coquine, le dimanche, deux jours avant le départ pour Lille, a été ponctué par une succession d'inattendus.

Appel téléphonique n° 1. Il était 18 heures. J'étais avec Greg en train d'étendre le linge mouillé dans notre chambre. Faute de place, c'est là qu'on a installé l'étendoir. On déteste tous les deux cette corvée mais on a institué une règle. Les tâches les plus pénibles, on les fait ensemble. C'est notre philosophie de vie. Le téléphone de Greg a sonné dans sa poche de jean. Il l'a sorti pour répondre et je lui ai fait un signe des doigts pour montrer que je le surveillais. Il était hors de question qu'il parte papoter dans le salon en me laissant finir seule. Il a regardé le nom affiché et il a juste dit « ah merde ». Il a décroché et posé le téléphone en mode haut-parleur sur le lit. C'était son ex infernale.

« Désolée de te déranger à la dernière minute, vraiment, mais j'ai une galère, j'ai besoin que tu me sauves la vie. »

J'avais déjà envie de lui encastrer la tête dans un mur. Greg s'est contenté de dire « vas-y » en posant délicatement une de mes culottes sur l'étendoir.

« Tu ne vas pas me croire, mais j'avais complètement oublié cette histoire d'école fermée ! C'est Colette qui vient de me le rappeler. »

J'ai regardé Greg en écarquillant les yeux au maximum, je ne pouvais pas parler, elle m'aurait entendue.

« J'ai un tournage de clip. Est-ce que tu pourrais la garder exceptionnellement ? Je suis trop désolée, j'ai aucune solution. »

Greg a levé la tête vers le plafond, l'air agacé.

« Je sais pas trop, je bosse aussi, je peux l'amener au bar mais elle va s'ennuyer. Et Chloé part à Lille. »

Pourtant ce démon n'a pas abandonné.

« Et Raoul ? Vous avez trouvé une solution pour le faire garder ? »

Greg a dû capituler.

« Chloé l'emmène à Lille.

– Parfait ! Ça serait super qu'elle prenne aussi Colette. En plus, ça lui ferait du bien de partir un peu. »

Greg m'a adressé une étrange grimace de la bouche qui pouvait signifier « je suis désolé » et « fais comme tu veux » mais également « ça m'arrangerait quand même que tu dises oui ».

J'ai fini par acquiescer. Pourquoi ? Peut-être parce qu'il était en train d'étendre une de mes culottes menstruelles et je trouvais tellement mignon le soin qu'il y mettait que là, tout de suite, j'aimais notre couple et notre vie. Bref, un putain de moment de faiblesse.

Greg a dit : « Écoute, t'as de la chance que Chloé soit une super meuf, elle prendra Colette avec elle. »

Et l'autre a jubilé.

« Oh, merci merci merci ! Tu me sauves la vie ! »

Vous remarquerez que c'est Greg qui lui sauve la vie, pas moi.

Ça, c'était l'appel n° 1.

Ensuite, on était en train de faire des pâtes. Plus précisément, j'étais assise en train de parler à Greg pendant qu'il cuisinait – vous aurez noté aussi qu'il n'est pas souvent là, mais quand il est là, il assure. Raoul jouait aux petites voitures dans le salon. On venait juste de réserver un billet de train supplémentaire pour Colette quand mon téléphone a sonné. C'était ma mère.

« Tout va bien, maman ?

– Ma chérie... »

Au son de sa voix, la réponse était négative.

« Ça ne va pas très bien, non.

– Qu'est-ce qui se passe ?

– J'ai du mal à respirer. »

Derrière, j'entendais la voix de son mec qui disait « crise d'angoisse ».

« Samir dit que je fais une crise d'angoisse.

– Oui, c'est possible. Respire dans un sac en papier.

– Ma chérie... Je ne vais pas y arriver. C'est au-dessus de mes forces. Excuse-moi. »

Elle était au bord des larmes. Ou de la crise de nerfs. Sans l'image, j'hésitais.

« De quoi tu parles ? »

Je regardais Greg qui émincait un oignon.

« Je ne peux pas venir à Lille. Je ne peux pas aller dans cet appart. C'est trop dur.

– Ah. »

On devait être deux adultes pour un enfant et on venait de passer à une adulte pour deux enfants.

En raccrochant, j'ai dit à Greg :

« Ma mère me plante. »

Il y a eu le grésillement des oignons qu'on jette dans l'huile bouillante et l'air s'est empli d'odeurs. Greg s'est retourné vers moi.

« Merde... Tu veux que je prenne les enfants ? C'est possible, hein. Je peux même venir à Lille.

– Bah non. Je sais que c'est compliqué pour toi. Et je préfère que tu gardes tes vacances pour qu'on parte ailleurs qu'à Lille. Je vais m'en sortir. »

L'appel n° 3 n'était pas téléphonique. C'était un bruit de grattement à la porte. Un signal que j'ai tout de suite reconnu. On allait se coucher, j'étais en pyjama, Greg se lavait les dents.

J'ai ouvert, Lapouta était là, avec son éternel sourire mais cette fois il avait les yeux rouges. Je me suis penchée sur le palier, j'entendais les beuglements de l'autre ivrogne.

J'ai dit :

« Je crois que tu vas dormir ici si ça te va. » Il a hoché la tête. « Ta mère travaille encore de nuit ? »

Il a secoué négativement la tête. J'en ai déduit qu'elle était en bas, en train d'essayer de gérer la situation. À y regarder de plus près, Lapouta avait les yeux vraiment très rouges. J'aurais voulu le serrer fort dans mes bras, mais je n'osais pas. C'est compliqué de câliner un enfant qui n'est pas le vôtre – surtout un garçon de onze ans qui essaie de faire croire qu'il est déjà un adulte. Il s'est assis sur le canapé, mutique. Ce n'était plus Lapouta, c'était un chaton abandonné sous l'orage. Je me suis installée à côté de lui, presque collée pour qu'il sente ma chaleur humaine.

« Tu veux m'en parler ? »

Il avait la tête baissée vers ses genoux. Il s'est contenté d'un hochement négatif.

« Il va falloir qu'on aborde le sujet un jour. »

Sa main droite bougeait nerveusement. Avec l'ongle de son index, il arrachait la peau du bord de son pouce. J'ai décidé de le distraire.

« Tu sais quoi ? Finalement, à Lille, je me retrouve avec Colette en plus, et ma mère en moins. »

Au moment où les mots sortaient de ma bouche, je me suis rendu compte que je n'avais pas pensé à ce que cela impliquait pour lui.

Pas d'école. Trois jours à la maison avec le taré. Ce n'était pas possible. Sa cuisse avait commencé à tressauter.

« Tu sais, même si je ne suis pas là, tu peux venir quand tu veux, je vais te donner une clé. »

C'était une fausse solution. Une solution pour me donner bonne conscience. Il ne viendrait pas si je n'étais pas là. Greg l'accueillait sans problème mais, contrairement à moi, il ne le considérait pas comme faisant partie intégrante de la maison. J'ai regardé ce garçon de onze ans, en jogging gris et sweat noir, le bout de ses doigts rongés jusqu'au sang et j'ai réalisé quelque chose. J'étais responsable de lui. Depuis le soir où j'étais descendue le rejoindre dans l'escalier, j'avais pris une forme d'engagement vis-à-vis de lui. Je ne pouvais pas dire « oh ça va, j'ai déjà fait beaucoup, démerde-toi maintenant ».

Je n'avais pas mille possibilités. Je lui ai proposé :

« Est-ce que tu veux que je demande à ta mère si tu peux venir avec nous à Lille ? »

Il a levé les yeux. Jamais personne n'a eu l'air aussi heureux d'aller à Lille.

« C'est vrai ? Tu le ferais ?

– On est une équipe ou pas ? En plus, je vais avoir besoin de toi pour fouiller l'appart et surveiller les petits. »

Au lit, Greg m'a dit en chuchotant :

« On devrait appeler la police.

– Peut-être... Mais il n'y a plus que nous dans l'immeuble, ils vont comprendre d'où ça vient.

– Et alors ? »

Je pesai le pour et le contre.

« J'ai peur que la mère de Lapouta n'accepte plus qu'il vienne à la maison si elle nous en veut de nous en être mêlés.

– On ne peut pas rester comme ça. J'y vais. »

Greg s'est levé. Il a ouvert la porte de la chambre tout doucement. Je l'ai suivi. Dans le salon, Lapouta dormait déjà. On est sortis sur le palier, et on a tendu l'oreille. Il n'y avait plus un bruit. On est retournés au lit. Greg avait l'air contrarié.

« La prochaine fois, on appelle les flics. Ça peut pas continuer comme ça. Regarde où tu en es, tu veux emmener ce gamin avec toi à Lille. Tu prends une grosse responsabilité quand même.

– Je fais pareil avec Colette...

– C'est pas pareil, c'est ta belle-fille. »

Je n'ai pas osé le contredire et lui avouer que je me sentais plus proche de Lapouta que de Colette. J'ai tranché tout ça en concluant que la mère de Lapouta n'accepterait sans doute pas de me laisser partir avec son fils. Une prédiction qui s'est révélée aussi fiable que celle qui situait la fin du monde en 2012, puisque ladite mère m'a regardée avec une infinie reconnaissance. On était en bas de l'immeuble, je sortais, elle rentrait avec son Caddie. Je ne lui ai pas exactement dit qu'il s'agissait de trier l'appart d'un mort. J'ai présenté ça sous l'angle d'une « obligation familiale qui m'amène à Lille et puisque les enfants s'entendent tellement bien et que l'école est fermée, je me suis dit que ça serait chouette de partir avec les trois, qu'en pensez-vous ? ». Elle en pensait que c'était très gentil de ma part, qu'elle était embêtée que son fils traîne pendant trois jours, que l'appart était vraiment petit, mais qu'elle tenait à payer le train. Je lui ai proposé de passer à la maison pour en discuter.

En fin de journée, elle a sonné à la porte. Ce jour-là, elle était sublime. Elle portait une robe en laine verte avec une large ceinture brodée. Et elle tenait dans ses mains un plat en verre qu'elle m'a tendu en souriant.

« Ce sont des acras de morue. J'espère que vous aimez. C'est une spécialité de chez moi.

– Oh, merci ! J'adore ça ! »

J'en bavais déjà d'envie. Elle s'est assise sur le canapé.

« Vous voulez quelque chose à boire ?

– Non merci. »

Je m'installai sur le fauteuil en face.

« C'est une spécialité de chez vous, c'est-à-dire ?

– De Martinique.

– Oh... Mais pourquoi venir à Gabarny ? »

C'était sorti tout seul. Pourquoi venir moisir ici quand on vivait dans ce qui, selon mes cartes mentales, ressemblait au paradis.

Elle a effectué un geste vague de la main en faisant tinter des bracelets en argent.

« Au début, le prétexte, c'était les études, je suis infirmière, et puis on a toujours envie d'être ailleurs. Et finalement... je suis restée. »

On a un peu parlé du voyage à Lille, je lui ai dit que ma famille nous hébergerait. En réalité, j'avais trouvé une chambre d'hôtel de type parentale. J'allais tasser tout le monde dans un lit double et un canapé-lit. Mais j'avais peur qu'en apprenant que j'engageais des frais pour un hôtel, elle refuse l'invitation.

Ce qui me préoccupait vraiment dans cette conversation, c'était comment aborder le sujet du père de Lapouta. Dès que je l'évoquais, « votre compagnon alors, il fait quoi comme travail ? », elle se refermait. Elle m'envoyait tous les signaux possibles pour me dire « je ne veux pas en parler avec vous ». J'étais partagée entre respecter son attitude et me montrer insistante.

Pour préparer cette rencontre, j'avais lu des documents sur les violences intrafamiliales. Même si Lapouta n'avait jamais évoqué de violences physiques, je trouvais que la situation se dégradait. Il était de plus en plus souvent dehors. Pendant combien de temps pouvais-je me contenter de servir de palliatif sans me mêler du fond du problème ?

Greg avait sans doute raison. Il faudrait finir par appeler la police, mais je craignais que cela coupe une communication que je commençais tout juste à instaurer. Dans les brochures, on suggérait que, parfois, le plus efficace était de profiter d'un tête-à-tête pour poser la question « êtes-vous victime de violence ? ». Mais je me sentais incapable d'une attitude aussi frontale. Et même si j'avais réussi, il y avait le risque qu'elle se braque et m'interdise finalement d'emmener Lapouta à Lille. J'ai donc opté pour une semi-lâcheté, une lâcheté molle.

« Je sais que ça ne me regarde pas, mais vous avez réfléchi à des solutions pour sortir de cette situation ? »

Elle a arrêté de sourire.

« Ça ne vous regarde pas, et la situation, comme vous dites, est en cours de résolution. Ça prend juste un peu de temps. »

J'ai glissé de nouveau qu'il ne fallait pas qu'elle hésite, j'étais là, si elle avait besoin d'aide pour quoi que ce soit – intonation qui insistait avec lourdeur. Je laissai délibérément le flou quant à la nature de l'aide, coup de main pour réceptionner un colis ou faire disparaître un mec dans un tapis roulé.

La veille du départ, j'ai extrêmement mal dormi. Entre l'école polluée qui empoisonnait les enfants et le grand-père qui avait mis en scène sa mort, mon cerveau était un hamster qui galopait dans une roue à la recherche d'un pochon de crack.

Je me suis réveillée la tête en vrac, avec un fond de migraine. J'ai avalé des antidouleurs en guise de petit déjeuner. J'avais besoin de confort. J'ai décidé de faire le voyage dans ce qui ressemblait le plus à un pyjama, à savoir un pantalon de jogging, un sweat, un blouson en cuir trop grand de Greg, une écharpe, un bonnet. Et comme c'était vraiment l'aventure, je n'ai pas mis de soutien-gorge.

Dans le train, on avait les places en carré. Je me suis affalée sur mon siège, lunettes de soleil sur le nez, en guise de protection contre la migraine parce que non seulement cette saloperie de maladie vous ôte l'envie de vivre mais en plus elle vous rend photosensible, y compris à de timides rayons de soleil d'hiver.

En face de moi, Lapouta regardait par la vitre en souriant. À côté de lui, Colette était en mode « grande voyageuse expérimentée ». Elle avait préparé un petit sac avec des jeux, des cahiers, des feutres, des livres. Elle a proposé de faire une partie de PiouPiou. J'ai pensé pour la millième fois qu'elle était mignonne et que j'étais trop dure – même si ma migraine se serait passée de leurs cris « je pose deux poules, je fais éclore un œuf ».

Je constatais un changement dans l'attitude de Colette depuis que Lapouta était avec nous. Elle le regardait avec respect et admiration. C'était un CM2 tout de même. Et le fait que Lapouta, pour une raison inconnue, semble lui-même m'admirer la forçait visiblement à revoir son opinion me concernant. Je tirais ma crédibilité d'un gamin de onze ans.

Pendant que les petits jouaient, Lapouta m'a demandé quel était le plan. Je lui ai expliqué qu'il s'agissait de trier l'appart de mon grand-père. Il semblait tout excité. Il a un peu déchanté quand il a réalisé que le cadavre n'y était plus. Mais l'histoire restait intrigante. Colette, qui n'avait posé aucune question jusque-là, m'a dit « mais je ne comprends pas ce qu'on va faire ». D'habitude, j'aurais botté en touche, seulement on n'avait rien d'autre pour s'occuper pendant ce trajet. J'ai donc surmonté ma migraine pour lui raconter l'histoire de mes grands-parents. Elle était fascinée. Elle aussi voulait savoir pourquoi ce Raymond avait fait semblant d'être mort en abandonnant ses enfants.

Une fois à Lille, j'ai trimballé tout le monde jusqu'à l'hôtel pour poser les valises. Les enfants ont été émerveillés par la porte d'entrée coulissante, puis par le hall, puis par le comptoir d'accueil ; ils ont poussé des cris d'excitation dans l'ascenseur et arrivés dans la chambre, ils se sont jetés sur le lit géant. On n'était pas à la maison et cela suffisait pour que tout leur semble une aventure enivrante. Je me plaisais dans mon rôle de cheffe de bande. Je commençais même à être contaminée par leur enthousiasme.

Ensuite, j'ai un peu galéré pour trouver l'appartement. Raymond habitait à Wazemmes, un ancien quartier ouvrier qui s'organisait autour des halles du marché. Après la grande place de la Nouvelle-Aventure, on traversait des ruelles bordées de constructions en briques de deux ou trois étages, la plupart déjà bien rénovées avec des cavistes et des salons de tatouage au rez-de-chaussée et des moustachus à l'intérieur.

En revanche, l'immeuble de Raymond, un peu excentré, était franchement laid. Mon héritage avait une sale gueule. Une façade grise, des stores en plastique et des câbles électriques qui dégoulinaient sous le rebord des fenêtres du premier étage. À côté, il y avait un chantier de démolition. Actepo s'apprêtait donc à construire quelque chose de gros ici, peut-être un hypermarché ou une barre de logements sociaux. En tout cas, j'imaginais bien que la société avait besoin de raser cette verrue de quatre étages et qu'on n'allait pas tirer une fortune d'un deux-pièces dans cette horreur. Adieu ma chaumière à la campagne, bonjour le parking à Limoges.

L'immeuble entier avait l'air à l'abandon. Les autres propriétaires avaient dû vendre leur bien au promoteur. L'entrée n'était pas fermée. Nous sommes montés au troisième étage avec la discrétion d'un troupeau d'éléphanteaux.

Devant la porte, je me suis arrêtée. J'ai réalisé que j'allais entrer chez quelqu'un que je n'avais jamais connu mais dont je partageais les gènes. Il m'avait sans doute légué des caractéristiques physiques, une forme de nez, une ossature ou même une prédisposition à certaines maladies. Un inconnu qui devait m'expliquer pourquoi il avait disparu en abandonnant femme et enfants. Est-ce qu'il avait vraiment été poursuivi par des figures du banditisme ? Qu'est-ce qui avait mal tourné, Raymond ?

Sur la porte de son appartement, une sorte de serrure de secours toute neuve avait été installée dont on m'avait remis la clé. J'ai ouvert et j'ai immédiatement reconnu l'odeur. Ça sentait le vieux, comme chez la Mouche. Et la poussière. J'ai imaginé que dans l'air flottaient des particules de peaux mortes et que j'allais les respirer et qu'elles se coinceraient dans mes bronches. J'ai censuré cette pensée tant bien que mal.

Il y avait une petite entrée, puis un salon-cuisine, une chambre et une salle de bains au carrelage vert d'eau. Dans le salon, un gros fauteuil en similicuir noir faisait face à un vieux poste de télé. Une bibliothèque derrière. C'était moche et sans doute l'un des endroits les moins intéressants au monde. S'il existait un catalogue des lieux quelconques, cet appart aurait pu faire la couverture. Quant à mon espoir secret de découvrir un truc de valeur à revendre, il venait de disparaître sous mes yeux. Tout était banal. Un appart type Conforama des années 1990. Même pas une pendule de valeur ou un vase.

Lapouta m'a demandé : « On fait quoi ? »

C'était une sacrément bonne question. J'ai installé Colette et Raoul à la table de la cuisine-salle à manger-salon et je leur ai mis *Maman j'ai raté l'avion* sur la tablette.

Lapouta a commencé à fouiner. Il ouvrait des tiroirs, sortait des boîtes.

Je lui ai dit : « Ça m'étonnerait qu'on trouve quoi que ce soit d'intéressant. Je crois qu'on va pouvoir tout jeter ou donner. Je te propose qu'on se divise les recherches. Je fais ce côté-là de la pièce, tu fais l'autre. Si tu trouves un truc qui te semble avoir de la valeur, tu m'appelles. Ou alors des photos, des papiers, des lettres. »

J'avais encore un fond de migraine et le système digestif à l'arrêt. J'aurais voulu partir, quitter cet endroit. Même si, en soi, l'idée de fouiller dans les affaires de quelqu'un n'était pas pour me déplaire. Quand j'étais petite, avec ma meilleure amie, on adorait fouiner dans la chambre de sa grande sœur. On ouvrait ses pots de crème pour les sentir, on lisait son journal intime, on admirait ses fringues. Tout nous paraissait enviable, admirable et sexy. Mais tripatouiller les affaires d'un mec mort de quatre-vingt-dix balais, c'était moins attirant. J'avais la trouille de tomber sur des trucs dégueulasses. Ou même juste sexuels.

La seule chose agréable, c'était d'écouter le film en même temps que j'ouvrais des tiroirs remplis de bouts de ficelle, de décapsuleurs (ce mec nourrissait visiblement un intérêt démesuré pour les décapsuleurs et les ouvre-boîtes), de tubes de colle, de factures, de ciseaux, de limes et de trucs qui devaient être des outils de cordonnier. Il avait notamment un pédimètre en plastique vert. C'est un machin avec une réglette coulissante pour mesurer la pointure des pieds. Je l'ai immédiatement glissé dans mon sac. Je m'étais tapé une demi-journée de train, j'allais raquer deux nuits d'hôtel mais en rentrant, je pourrais brandir mon pédimètre sous le nez de Greg. « Zyeute-moi ça, et ose encore me dire que c'était une perte de temps. Désormais on pourra tous les matins vérifier si les enfants ont changé de pointure. Grâce à cet objet, notre famille recomposée va enfin trouver son équilibre. »

Autre point positif : jusque-là, je n'étais tombée sur aucun album de photos pédocriminelles. Le péché mignon de papi semblait être les polars américains, les décapsuleurs et le magazine *Télé Z*. Il en avait des exemplaires qui traînaient partout. « Greg, tu vois cette collection de *Télé Z* ? On a de quoi se chauffer pendant au moins trois ans. J'ai l'impression que tu ne te rends pas compte de la chance inouïe que nous avons eue avec cet héritage. » Enivrés par tout ce papier, nous ferions ensuite sauvagement l'amour sur une pile de *Télé Z édition TNT* de 2014.

On a passé la journée à fouiller, remuer de la poussière et éternuer. Finalement, derrière des livres de la bibliothèque, Lapouta a déniché une boîte. Une petite boîte en bois verni fermée à clé. Évidemment, nous n'avions aucune idée d'où était la clé.

« Mais s'il a caché la boîte, c'est qu'elle est importante », a remarqué Lapouta.

On s'est assis à table, la boîte posée devant nous. Raoul et Colette ont mis le film sur pause. Les trois enfants attendaient que je prenne une décision. Leurs regards remplis de confiance me perturbaient. Avant un certain âge, les enfants n'imaginent pas que leurs parents puissent faire de la merde. Ou simplement ne pas savoir que faire.

J'ai fini par trancher. « Bon, on ne va pas retourner l'appart pour trouver une minuscule clé. » Je suis allée prendre un couteau dans le tiroir des couverts. J'ai glissé la lame dans la fente de la boîte et j'ai forcé. La serrure a craqué tout de suite, le couvercle s'est soulevé en arrachant des morceaux de bois. Raoul était à moitié debout sur sa chaise pour voir le contenu. « Raoul, assis-toi, tu vas tomber. »

Dans la boîte, il n'y avait qu'un papier. Une feuille jaunie sans doute arrachée d'un carnet. Je l'ai dépliée. Dessus, écrit à l'encre bleue délavée, un message de deux mots « or = boé ».

C'était tout.

Lapouta a secoué la boîte pour voir si elle ne cachait pas autre chose.

Or = boé.

Colette m'a demandé : « Ça veut dire quoi ?

– Je n'en ai pas la moindre idée. »

Lapouta a commenté : « C'est un trésor.

– Un trésor ? » a demandé Raoul avec excitation.

J'ai haussé les épaules. Je n'en savais rien. Lapouta a insisté :

« L'or, ça veut forcément dire trésor. »

J'ai tendu le papier vers la lumière de la fenêtre au cas où une carte magique serait apparue par transparence. Mais non. J'ai fini par le ranger dans mon portefeuille. J'ai tranché : « On va continuer de fouiller demain et peut-être qu'on aura la solution. En attendant, il faut aller dîner avant de dormir. »

Ma tribu a poussé des cris de joie : « On va manger quoi ? On va où ? On peut prendre du jus de pomme ? »

Près de l'hôtel, j'avais repéré un restaurant susceptible de proposer des formules enfants. On a été accueillis par un serveur qui nous a tendu les menus avec obséquiosité. Colette paraissait flattée. La discussion s'est vite orientée vers les animaux de compagnie. Raoul et Colette voulaient absolument un cochon d'Inde. J'ai demandé à Lapouta s'il en avait déjà eu.

« Nope. Juste un chat. Mais ça n'a pas bien fini.
– Comment ça ? » a interrogé Colette.
Lapouta lui a souri, et je voyais qu'il hésitait.
« En fait, c'était un chat qui croyait avoir des pouvoirs magiques. »
Elle continuait de le regarder, intéressée.
« Il croyait qu'il savait voler. En même temps, il avait pas tort. Rien ne lui prouvait qu'il ne savait pas voler. »
Raoul a décrété :
« Les chats, ça vole pas.
– Bah, t'en sais rien tant que t'as pas essayé.
– Bah si, parce que les chats, ça a pas d'ailes.
– Ouais, mais les écureuils volants non plus. »
Raoul a réfléchi. Colette a relancé :
« Et ton chat alors ?
– Et bah, un jour, il a décidé de voir s'il pouvait voler. Il a sauté par la fenêtre.
– Et ? » a demandé Colette comme s'il y avait un vrai suspense.
Lapouta a avalé sa part de pizza.
« Eh bah, il savait pas voler. »
Colette s'est décomposée.
« Il est mort ? »

Je suis intervenue : « Mais non. Il s'est cassé une patte, c'est tout. Bon, qui veut un dessert ? »

Trois mains se sont levées.

Après avoir avalé qui une mousse au chocolat, qui une crème brûlée, et moi un chocolat liégeois commandé par Raoul mais sur lequel il a calé après trois cuillerées, nous sommes rentrés à l'hôtel. J'étais épuisée. L'idée de devoir coucher trois enfants me paraissait le bout du monde, d'autant qu'ils étaient surexcités. Ils couraient dans la chambre en criant. J'ai pris un ton menaçant pour qu'ils se mettent en pyjama et se lavent les dents.

Il a fallu que j'organise l'intimité de chacun. Colette et Lapouta sont allés se déshabiller dans la salle de bains à tour de rôle, pendant que Raoul, assez décontracté du gland comme un petit garçon de six ans peut l'être, se baladait à poil dans la chambre.

Quand Lapouta est sorti de la salle de bains, il l'a corrigé tout de suite :

« Oh, Raoul ! Tu gardes l'intimité de ta bite pour toi.

– Heu… Lapouta a raison mais il aurait pu dire zizi. Ou phallus. Ou verge.

– Bite bite bite », a hurlé Raoul en bougeant les hanches dans une tentative assez pathétique de faire tourner son appendice génital.

Lapouta a repris :

« Je suis sérieux.

– C'est MON intimité, a dit Raoul en souriant.

– Et tu en es responsable, tu ne m'obliges pas à voir ta... ton zizi si j'en ai pas envie. »

J'ai tranché d'un péremptoire : « Raoul, pyjama. »

Ces enfants avaient une notion de l'intimité qui n'existait pas à mon époque. Il faut dire que j'avais grandi dans la France du « rien n'est sale » justifiant d'imposer la vue de vieux sexes dégueulasses aux enfants. Le cul s'étalait partout, tout le temps. Je me souviens de tenir la main de ma maman sur le chemin de l'école et de croiser des affiches géantes de 3615 Ulla. À la télé, pareil. Il n'était pas envisageable de vendre des pots de yaourt sans coller des nichons au premier plan. Et nous, les enfants, on ne mouftait pas. On était à table, on avait huit ans, des chaussettes dépareillées et des pieds qui ne touchaient pas le sol, on mangeait des lasagnes surgelées avec nos parents et on était scotchés devant l'écran de la télé sur lequel s'agitaient des jeunes femmes de vingt ans avec une plume dans le cul.

Ensuite, on avait grandi. Il y avait eu le temps des affaires médiatisées de pédocriminalité et des confidences des amies. On était collectivement traumatisés. Depuis qu'on était devenus parents, c'était encore pire. Les pédocriminels étaient potentiellement partout, et surtout à côté de nos enfants. À la crèche, à l'école, au club de sport, au centre de loisirs, au dîner de Noël, dans la maison de vacances où du monde passait cet été-là. Ils n'étaient pas tapis dans l'ombre, ils étaient parmi nous, au grand jour, les statistiques nous le disaient. Nous les croisions quotidiennement, charge à nous de les identifier.

Alors, dès la maternelle, on parlait à notre progéniture de l'importance de manger des légumes et de ne laisser personne toucher ses parties intimes. Notre ultra-vigilance atteignait son paroxysme quand nous commencions à nous soupçonner nous-mêmes. Mes gestes pour changer la couche de mon bébé étaient-ils appropriés ?

Ce soir-là, la question de l'intimité se reposa à moi. Comment allais-je répartir les enfants dans les couchages ? Je jugeai préférable de ne pas dormir avec un enfant autre que le mien, même si le résultat était un chouïa œdipien. J'ai donc mis Colette et Lapouta dans le canapé-lit et Raoul avec moi.

Je les ai autorisés à bouquiner un peu avant de dormir. Colette a fait la lecture à Raoul. Depuis quelques jours, on s'était lancés dans la lecture à voix haute de *Harry Potter* et on s'y collait chacune à tour de rôle.

Ensuite, il a été temps d'éteindre. Il ne restait plus que la lumière bleutée de mon écran. Je m'étais installée dans le grand lit, les jambes étendues et mon ordinateur ouvert sur les cuisses. Raoul s'était endormi en boule chaude contre mon flanc. Dans le canapé-lit, j'apercevais Colette qui dormait, le livre encore à la main.

Lapouta s'est levé. Il est venu s'asseoir sur le bord de mon lit. Il n'avait pas du tout l'air d'avoir sommeil. Il a chuchoté :

« Je me demande ce que ça veut dire "or = boé".

– Je me demande aussi.

– Et si tu demandais à Google ? »

Pour lui faire plaisir, j'ai tapé « or = boé » dans la barre de recherche mais sans résultat probant. Boé était le nom d'une commune. « Simple banlieue rurale d'Agen, on y trouve désormais l'ENAP » (et non pas l'ENA, hein), l'École nationale d'administration pénitentiaire. Son nom est l'équivalent gascon de l'occitan *boièr*, « bouvier ».

Le grand-père avait-il caché de l'or à Boé ? J'ai cherché Raymond Berthoul + Boé. Rien. Peut-être qu'il existait des mines d'or à Boé ? Pas du tout. La commune avait été reconnue victime de catastrophe naturelle à cause des inondations en 1982, 1997, 1999, 2009, 2016, 2021. Visiblement, Boé = surtout boue.

Autre fait notable : « La commune étant située dans le périmètre du plan particulier d'intervention (PPI) de vingt kilomètres autour de la centrale nucléaire de Golfech, elle est exposée au risque nucléaire. En cas d'accident nucléaire, les personnes habitant dans le périmètre peuvent être amenées, sur ordre du préfet, à évacuer et ingérer des comprimés d'iode stable. »

Un coin où il fait bon vivre dis donc... Et moi qui me plaignais à Gabarny.

Insensiblement, Lapouta s'était allongé sur le lit à côté de moi.

J'ai cherché si dans l'histoire de Boé on avait évoqué un jour un trésor quelconque, mais non. On tournait en rond. Mes doigts ne savaient plus quoi taper.

Lapouta m'a demandé :

« Elle t'a dit quoi ta grand-mère Mouche sur ton papi ?

– Boh… qu'il avait… Ah putain, mais t'es pas con, tu sais ? Elle m'a dit qu'il avait été en affaires avec un type surnommé le Forain, un bandit qui avait participé à des réseaux de prostitution. Il devait changer son argent en or.

– Donc le trésor, ce serait ça ?

– Possible. Mais ça ne nous dit pas où il serait à Boé. »

Je commençai de nouvelles recherches au sujet du Forain. Ces derniers jours, j'avais été prise dans une telle course que je n'avais même pas pensé à demander à Internet des informations sur cette piste. Je me retrouvais à parcourir des extraits de livres numérisés au sujet du banditisme pendant la Seconde Guerre mondiale dans lesquels le Forain était cité. À côté de moi, Lapouta s'était endormi. Le profil écrasé sur l'oreiller, la bouche entrouverte, il semblait avoir le même âge que Raoul. Ce n'était qu'un petit humain.

Je suis passée par-dessus mon fils pour m'extirper du lit et rejoindre Colette dans le canapé-lit. Un couchage de garçons, un couchage de filles, c'était cohérent.

Adossée contre l'oreiller, l'ordi calé sur mon ventre, j'ai continué mes recherches.

Au bout d'une heure et demie, j'étais en mesure de résumer la vie d'Ange Vérin, né en 1910, alias le Forain, surnom qui lui serait venu de ses débuts dans le monde des circassiens. Mais le trapèze, ça ne devait pas rapporter assez puisqu'en 1938 il est jugé « pour avoir aidé ou assisté ou protégé habituellement le racolage public en vue de la prostitution de la demoiselle Suchard Blanche ». Il est condamné à six mois de prison et 50 francs d'amende. Jusque-là, c'était raccord avec la traite des femmes que la Mouche avait évoquée.

Ange entre dans la Résistance très tôt, dès 1940, sous le nom de Ricardo. Ma grand-mère décrivait une Résistance qui n'était pas constituée de preux chevaliers sans taches, mais plutôt d'un assemblage hétéroclite parmi lequel on trouvait des bandits et autres gangsters. Plusieurs sources me confirmèrent ce tableau. Quelqu'un avec les compétences d'Ange/Ricardo était même un atout puisqu'il maîtrisait déjà l'illégalité et qu'il savait où se procurer des explosifs et des armes.

Notre bonne ville de Gabarny se trouvant près d'un important nœud ferroviaire, parmi les actions de son réseau, il y a du sabotage. Le Forain va dynamiter un train allemand et pas mal de postes d'aiguillage. Il aide à cacher des soldats alliés parachutés près de la forêt.

Ça, c'est la partie glorieuse, film en Technicolor. Mais Ange se livre aussi à des actions plus discutables. Il vole des cartes de rationnement. Il est arrêté, jugé et condamné en 1943. Mais il réussit à s'enfuir lors de son transport à la prison – sans doute aidé par ses camarades résistants.

À ce stade de sa vie, je ne trouve aucune mention d'un magot d'or.

À la Libération, le Forain doit espérer qu'il va tirer profit de son engagement patriote. Il a risqué sa vie pour la France, elle lui doit bien un petit quelque chose. Une médaille ? Du boulot ? De l'argent ? Mais la France n'a pas envie de récompenser ce genre de résistant, condamné pour proxénétisme avant guerre. Peut-être que ses camarades du réseau ne lui répondent plus quand il les appelle.

Tout ce qui attend Ange, c'est de reprendre sa vie. Il recroise d'anciennes connaissances du milieu du banditisme. Ceux qui ont choisi l'autre camp, la collaboration. Ils se sont enrichis pendant l'Occupation et voilà qu'en août 1944 ils sont plusieurs à retourner leurs vestes et tenter d'intégrer la Résistance. Certains réclament même des médailles.

J'imagine que ça ne doit pas plaire au Forain. Peut-être qu'il essaie de retrouver une vie « normale » quelques mois. Peut-être qu'il ronge son frein et le fond de son portefeuille vide. Peut-être que je devrais cesser de faire de la psychologie à partir de trois requêtes Google. En tout cas, ce que l'on sait, c'est que le Forain décide un jour de se payer lui-même. Il va s'auto-récompenser.

Et pour cela, il invente une combine. Il joue ce qu'on appelle alors « les faux flics ». L'État français a mis en place des comités chargés de la confiscation des biens illicites. Tous ceux qui ont été acquis de façon illégale pendant l'Occupation doivent être récupérés par la police. Ange va chez des anciens collabos et se fait passer pour un policier missionné par le comité pour collecter leurs richesses.

Mais il est dénoncé par l'une des victimes dont le témoignage est accablant. « Vérin m'a dit : "On vient chercher ton fric." Ils ont alors perquisitionné en ma présence le bureau, ils ont pris quelques valeurs et un peu d'argent et, comme cela ne leur suffisait pas, ils m'ont frappé à coups de pied, à coups de poing et à coups de crosse de mitraillette. Puis ils sont descendus à la cave, m'ont complètement mis nu, ont continué à me frapper et m'ont écrasé les doigts de pied. »

Inculpé de vol, extorsion de fonds et violences, le Forain est arrêté le 3 novembre 1949. Mais cette fois-ci, ses copains résistants ne viennent pas à sa rescousse. Ange est accusé d'avoir détourné 20 millions de francs, pour partie en or, pour partie en billets de 5 000.

Et voilà le magot ! Voilà mon or, mon seignor.

Après avoir écumé l'Internet financier pour trouver les systèmes d'équivalence de monnaie, si je calculais bien, 20 millions de l'époque ça équivalait, grosso modo, à 3,8 millions d'euros.

OK. Ça m'allait.

Le Forain revient devant le tribunal. Et là, il y a tout de même un détail incroyable. Lors de ses trois procès, en 1938 (pour proxénétisme), en 1943 (pour vol de coupons de rationnement) et en 1950 (pour violences et extorsion), il se retrouve face au même juge, le juge Voisenet.

Comment est-ce possible ? Entre 1938 et 1943, on comprend que le juge n'a pas démissionné. Mais en 1950 ? J'appris qu'on avait assez peu fait le ménage parmi les magistrats à la Libération. On avait décidé de ne pas leur reprocher d'avoir travaillé sous l'Occupation et d'avoir appliqué les lois et les circulaires de la chancellerie. On n'avait radié que les juges qui avaient fait preuve de trop de zèle ou ceux qui avaient travaillé dans des cabinets ministériels. Dès lors, des juges qui avaient condamné des résistants pendant l'Occupation condamnèrent par la suite des collabos.

Pour en revenir à mon or, quand le Forain est arrêté, il nie évidemment tout et on ne retrouve pas le fric.

C'est donc là que, d'après la Mouche, mon grand-père intervient. Il aurait planqué l'argent. En revanche, elle s'était trompée sur l'origine du magot. Il ne venait pas de la prostitution, elle avait dû être induite en erreur par l'ancienne condamnation du Forain. Il l'avait pris aux collabos. D'un point de vue éthique, je n'étais pas certaine que ce soit de l'argent vraiment plus propre et acceptable.

Mais enfin, existe-t-il de l'argent propre en ce bas monde ? Tout n'est-il pas que corruption ?

Et puis, si par chance je parvenais à retrouver le trésor, je pourrais faire un don à une association – et en garder un peu pour moi. Un petit million, ça faisait une jolie maisonnette à la campagne. D'ailleurs, pourquoi penser petit ? Je pourrais carrément racheter un village abandonné.

Quant à savoir comment mon grand-père avait rencontré le Forain, ce n'était pas un mystère. Ils étaient dans le même réseau de résistants. Le Forain avait trente ans, Raymond quinze ans quand il entre dans la Résistance en 1943. J'avais déjà entendu dire que parmi les résistants et les résistantes, il y avait beaucoup de très jeunes. D'ailleurs, Guy Môquet a été fusillé à dix-sept ans. Évidemment, pour nous qui n'avons connu leurs témoignages qu'une fois qu'ils étaient devenus de vieilles personnes à la voix chevrotante, c'est difficile à imaginer.

Peut-être le Forain a-t-il pris Raymond sous son aile? Le père de Raymond était mort quand il était petit. Il vivait avec sa mère et sa grand-mère. D'après mon diplôme de psychologue clinicienne à l'université de « j'ai regardé pas mal de séries qui mettent en scène des rapports familiaux compliqués », j'imagine que le Forain a pu représenter une figure paternelle de remplacement pour Raymond.

Et je pouvais envisager sans problème que le Forain ait confié son pactole à Raymond.

Il n'y avait qu'un truc qui coinçait. Un truc qui ne sautait pas immédiatement aux yeux mais qui était un peu plus gros qu'un grain de sable. Un grain de riz. Le Forain est incarcéré en 1949. Il meurt en prison en 1951.

Raymond continue sa vie. Et il meurt, ou plutôt disparaît dans un mystérieux accident de voiture, en 1956. Pourquoi disparaître en 1956 pour un trésor qu'il aurait eu en sa possession depuis 1949, et dont le propriétaire était décédé? Que s'est-il brusquement passé en 1956? Qui le menaçait à ce point-là? De quoi avait-il eu peur?

Le lendemain, les enfants m'ont réveillée beaucoup trop tôt. Lapouta avait murmuré une blague, Raoul gloussait, Colette a chuchoté très fort :

« Mais arrêtez, vous allez la réveiller !

– C'est trop tard, Colette, je suis réveillée. Alors, on commence par s'habiller, et on descend au petit déjeuner. »

Un petit déjeuner d'hôtel pour un gosse, c'est un rêve éveillé. Je crois que ces deux jours à Lille pour vider l'appart d'un mort resteront gravés dans leur mémoire comme les plus belles vacances de leur vie.

Au rez-de-chaussée, une odeur de tartines grillées et de croissants chauds flottait au-dessus d'un buffet pantagruélique. Lapouta avait un bol à la main et s'apprêtait à le remplir de céréales au chocolat quand j'ai stoppé son geste.

« Les céréales, c'est *nein*. *Verboten*.

– Mais pourquoi ? »

Il avait un regard courroucé.

« Parce que c'est mauvais pour la santé. C'est une grosse arnaque, on a fait croire aux gens que c'était sain alors que pas du tout. C'est ultra-sucré et industriel.

– Bah, je m'en fous. C'est ma santé. Mon corps. »

Je ne m'y attendais pas. Heureusement, Colette et Raoul étaient déjà à table, hors d'oreille. Les sourcils froncés de Lapouta me montraient qu'il n'avait pas l'intention d'accepter aussi facilement mon veto.

« Mais là, c'est ma responsabilité. J'ai envie que tu manges correctement. Tu prends toujours ça le matin ?

– Ouip. »

Sa voix était froide comme un filet d'eau. Clairement, il me faisait la gueule.

« Écoute, je te propose de te faire découvrir un autre genre de petit déjeuner, tu veux bien ?

– Ça dépend. Quoi ?

– Des tartines grillées avec beurre et confiture ? »

Il a accepté avec un air de dégoût, on aurait cru que je venais de lui proposer une tranche de cadavre humain.

« Mais tu peux prendre un chocolat chaud si tu veux. »

Il a articulé avec le maximum de sarcasme possible :

« Trop sympa. »

J'étais un peu désarçonnée. C'était notre première engueulade. Certes, je pouvais l'interpréter comme un signe de confiance. Il se sentait suffisamment à l'aise avec moi pour me montrer qu'il me trouvait pénible. Il n'empêche, j'étais à moitié en colère, à moitié blessée qu'il me parle avec cette agressivité. C'était peut-être aussi à mettre sur le compte de son âge, la préadolescence, un début de chamboulement hormonal. Ou alors, on avait là une preuve supplémentaire du pouvoir maléfique des céréales industrielles. Elles rendaient les gamins accros et, en état de manque, ils montraient un visage de camé hors de contrôle.

On a rejoint les petits à table. J'avais soigneusement préparé les tartines de Lapouta et je le regardais manger avec un sourire avenant. Je me mordais les lèvres pour ne pas lui demander si c'était bon. Présentement, il me détestait parce que je lui faisais bouffer des tartines.

Raoul m'adresserait-il un jour ce même air de haine ? Je savais très bien que oui, bien sûr. Mais dans le fond, j'étais convaincue que non, que moi, j'y échapperais, que notre relation serait toujours angélique, qu'il m'aimerait à la folie toute sa vie, qu'en gros nos rapports seraient identiques à ceux d'aujourd'hui à la différence près que je n'aurais plus à lui torcher le cul. L'idéal de la maternité.

En même temps, est-ce qu'il y a encore des crises d'adolescence quand on vit une époque faite de coupures d'eau et d'électricité ? Peut-être que le dérèglement climatique allait avoir la peau de la crise d'adolescence.

Lapouta a continué de faire la gueule, y compris à Colette et Raoul qui ne comprenaient pas pourquoi l'ambiance n'était plus aussi festive que la veille. J'avais une envie quasi irrépressible de le prendre dans mes bras et de lui faire un câlin pour qu'on laisse tomber à terre nos rancunes. Mais je me suis retenue. Il fallait respecter son émotion et ne pas le forcer. Je devais accepter qu'il ait envie de me faire la gueule, même si ça me donnait envie de me jeter sous une voiture – ou au moins de menacer de le faire.

Lapouta n'a plus ouvert la bouche jusqu'à ce que nous retournions chez Raymond. Dès que nous sommes entrés dans le salon, il a annoncé :

« J'crois que quelqu'un est venu.

– Comment ça ? »

Je regardais autour de moi, tout était aussi moche et inintéressant que la veille.

« Y a des trucs qui ont bougé, comme si on avait fouillé.

– J'ai pas l'impression… » Là, je me suis arrêtée. Il venait de m'adresser la parole, c'était comme une sortie sur l'autoroute de l'engueulade, il ne fallait pas la rater. J'ai ajouté : « Mais peut-être. Montre-moi ce qui a changé. »

Il a désigné un tiroir entrouvert alors qu'il se souvenait que la veille, il avait forcé pour le refermer. Une boîte dont le couvercle n'avait pas été remis. Une chaise déplacée. Soit le gosse était extrêmement observateur, soit il avait une bonne dose d'imagination. J'optai pour la seconde solution, mais pour ne pas le vexer je me dirigeai vers la porte d'entrée.

« Si quelqu'un est venu, comment il a pu entrer ? La porte n'a pas été forcée. »

On s'est penchés tous les deux et on a vu la même chose. Des rayures autour de la serrure. Et j'étais certaine qu'elles n'y étaient pas la veille.

« Bah voilà, a dit Lapouta en se redressant, comme d'hab, j'ai raison. C'est presque fatigant.

– Mais peut-être que c'est juste quelqu'un qui voulait venir squatter. »

Lapouta m'a fait remarquer que, dans ce cas, le squatteur aurait pu aller dans les autres apparts qui n'étaient plus fermés à clé. Et si quelqu'un avait forcé la porte pour chercher quelque chose, c'était forcément la boîte avec le message secret. Il n'y avait rien d'autre digne d'intérêt.

Ce qui voulait dire qu'il y avait peut-être vraiment un trésor à trouver. Je me rendais compte que jusque-là, je n'y avais pas cru. J'avais cherché en premier lieu pourquoi papi avait disparu. J'étais partie du principe que cette histoire de message secret à base de boé devait avoir une explication simple et décevante. Cette intrusion changeait la donne. On passait en mode : un magot m'attend peut-être bien quelque part. Et ma nouvelle vie également. Et mon village abandonné.

Ensuite se posait la question de savoir qui avait bien pu venir. Mais là, je n'avais pas l'ombre du début d'un poil de piste. Je décidai de me remettre au tri des affaires, tri qui consistait à chercher des trucs qui vaudraient le coup d'être gardés. Pour ma mère, je choisis de mettre de côté quelques fringues. J'étais animée d'une énergie nouvelle que la Mouche aurait qualifiée d'appât du gain.

Raoul et Colette étaient devant *Maman, j'ai encore raté l'avion* – rare exemple d'un deuxième volet à la hauteur du premier.

Lapouta semblait également concentré sur ses fouilles. Je lui dis :

« Tu sais, tu peux juste regarder le film, t'es pas obligé de faire ça avec moi, je m'en sortirai.

– Je vais pas rester assis alors qu'il y a un trésor qui nous attend. »

On a continué à examiner placards, armoires, tiroirs. Et puis je me suis décidée à entrer dans la chambre, une pièce qui me dégoûtait parce qu'elle était beaucoup trop intime. Il y avait une espèce de commode en pin. Et quand j'ai ouvert le tiroir du milieu, j'ai compris que j'avais enfin trouvé ce que ma mère m'avait demandé.

Il y avait des photos. Des photomatons de Raymond à plusieurs âges. C'était bizarre, les clichés de lui que j'avais vus étaient tous en noir et blanc, et il n'avait pas plus de vingt-huit ans. Et voilà que je découvrais son visage en couleurs, ridé. Il avait quelque chose de familier, je retrouvais l'ombre de ma mère.

On le voyait également à la pêche avec des amis. Pendant des vacances dans des clubs au Maroc, en Tunisie. Une femme avec un brushing blond revenait souvent. Sur une photo de Nouvel An, ils s'embrassaient en riant, un peu trop rougeauds à cause du flash et de l'alcool. Raymond avait donc eu une autre compagne, mais ils avaient dû se séparer depuis un moment.

Je finis par trouver des clichés de ma mère bébé et de mon oncle petit garçon, sans doute à l'occasion d'un pique-nique. Ils étaient sur les genoux de la Mouche, qui avait l'air d'une femme-enfant, assise sur une nappe étendue dans l'herbe. Elle ressemblait à une ado, brune, une natte très longue, l'air farouche et en même temps arborant un léger sourire en coin.

Le plus étonnant, c'est que je reconnaissais des séries de photos, mais j'avais toujours vu celles que la Mouche avait prises, sur lesquelles c'était Raymond qui posait avec les enfants. Ils avaient dû échanger leur place et soudainement apparaissait le contrechamp qui m'avait manqué jusque-là. Et ce contrechamp, c'était la Mouche, sa jeunesse.

Je regardais son sourire et j'étais sous le charme, même si elle n'était pas très jolie. Elle avait le visage un peu trop maigre – on sortait certes de la guerre –, un nez long, mais ce sourire… J'étais bouleversée. Ma grand-mère avait été capable de sourire comme ça. Elle avait été cette jeune femme. J'avais envie d'être amie avec cette fille et qu'elle me raconte sa vie, ses secrets, ses espoirs.

Au dos des photos, une main avait écrit « Gabarny, 1955 ». Je les rangeai dans un sac plastique.

Il y avait également une boîte dans ce tiroir. Elle contenait des lettres et j'eus une petite défaillance cardiaque en reconnaissant l'écriture de ma grand-mère. Et si je découvrais des lettres d'amour ? J'avais tellement envie que ce soit ça. M'assurer que la Mouche était bel et bien un être humain capable d'attendrissement et d'épanchements romantiques.

La première disait : « Ne refais jamais ça. Je ne veux plus te voir traîner devant l'école des enfants. On a un accord, tu es mort pour nous. Rappelle-toi ce que je peux faire. »

Je restai bloquée. Je vous épargne la description à base de « mon sang s'est figé », « mes poumons se sont asphyxiés », etc. Sachez simplement que cette lecture a entraîné des manifestations physiques très désagréables. Je me suis assise sur le bord du lit, la lettre à la main.

Elle n'était pas datée.

Je la regardais, l'air ahuri. Elle était glissée dans une enveloppe qui portait le nom de Raymond Berthoul et une adresse à Auxerre, un timbre rouge de 15 francs qui représentait Marianne de profil, et… un cachet de la Poste. Je me penchai pour déchiffrer la date dont l'encre noire avait pâli. Il mentionnait Gabarny, le 23 octobre 1959. Trois ans après le prétendu accident de voiture.

Non seulement la Mouche savait qu'il n'était pas mort mais, en plus, elle avait une adresse où le joindre.

La salope.

C'était le mot qui s'imposait au milieu de ma stupeur.

Elle savait.

Elle nous menait en bateau depuis des dizaines d'années…

Je vous le fais en accéléré. En temps réel, le choc était tel qu'il a fallu cinq minutes pour que chacune de ces phrases émerge dans mon cerveau.

Pendant tout ce temps, elle avait menti à ma mère. Elle lui avait raconté que son père était mort alors que non. C'était… c'était monstrueux. Même venant de la Mouche. La vieille pouvait être sèche, acariâtre, rude, voire même méchante à l'occasion, mais là, on sautait dix niveaux sur l'échelle de l'odieux.

Pourquoi ? Il devait y avoir une bonne raison – même si comme ça, au débotté, je voyais mal ce qui pouvait justifier de faire croire à ses enfants que leur père était mort.

Et pourquoi avait-il accepté cette situation ?

De quoi le menaçait-elle ?

Et quel rapport avec le Forain et l'or ?

Il y avait d'autres lettres.

Des mots sans grand intérêt qui dataient de l'époque de leur mariage. Des phrases griffonnées sur une page de cahier sans date. « Finalement, je dors chez mes parents. Bonne nuit. » « J'ai fermé la boutique, il reste à manger dans la cuisine, il suffit de réchauffer le plat à feu doux pendant dix minutes. » Elle partait du principe que le mec ne savait même pas se réchauffer un repas. Le pire, c'est qu'elle n'avait sans doute pas tort. Ces mots ne me fournissaient aucune information supplémentaire. Hormis un manque flagrant d'affection de la part de la Mouche. Et le fait que Raymond les ait conservés tendait à prouver que ce manque d'amour n'était pas réciproque.

Je rangeai tout dans mon sac.

Bordel.

Je me laissai tomber sur le dos et je fixai le plafond pour mettre mes idées au clair. Raymond avait installé un plafonnier ovale en verre dépoli avec une bordure bleue. C'était infect.

Qu'est-ce que j'allais faire ? Comment j'allais annoncer ça à ma mère ? Elle avait déjà moyennement bien encaissé l'annonce de la re-mort de son père. Je n'avais aucune envie d'être la messagère d'une nouvelle qui allait la dévaster.

Et si je ne lui disais rien ?

En même temps, je tenais la preuve que son père ne l'avait pas abandonnée de son plein gré. Il avait voulu la revoir, même depuis l'autre côté de la rue. Peut-être y trouverait-elle une consolation ?

Je tournai la tête. Lapouta était debout à l'entrée de la chambre.

« Ça va, Cloclo ?

– Oui, tout va bien.

– T'as découvert quelque chose ?

– Bof, un secret de famille. Mais aucun rapport avec le trésor. »

Il était déçu.

« Quand même, quelqu'un qui force la serrure pour venir fouiller, c'est sûrement qu'il cherchait le trésor. Donc le trésor existe.

– Ou alors quelqu'un cherche une chimère.

– Une chimère ? C'est pas un monstre ?

– C'est une expression. Allez, on continue encore une heure, je finis la chambre, tu peux regarder la salle de bains. »

On a continué nos inspections, j'ai gardé quelques babioles qui pouvaient faire plaisir à ma mère comme une bouteille d'eau de parfum (qui avait tourné), des boutons de manchette, un joli briquet Zippo, un nécessaire de rasage avec un blaireau assez chic. Au-dessus d'une armoire, j'ai trouvé des sacs plastique au motif écossais dans lesquels j'ai rangé tout ça ainsi que les vêtements que j'avais mis de côté la veille.

Mais force était d'avouer que cet homme avait laissé assez peu de traces. Enfin… À part nous.

J'étais en train de me dire que le fait de n'avoir rien trouvé de sexuel prouvait que j'avais mal fouillé quand mon regard s'est arrêté sur une pile de VHS empilées dans un coin de la chambre. Plusieurs étaient sans étiquette. Bah voilà, ma main à couper que les pornos étaient là-dedans. Et autant dire que je n'allais pas vérifier.

Je retrouvai Lapouta dans le salon.

« Alors ? La salle de bains ?

– Je peux te dire qu'un truc : il avait un dentier.

– En or ?

– Même pas.

– Nul.

– Bon, on va à Boé demain ?

– Ah non, mon Lapouta. Demain, on rentre à Gabarny, et ensuite direction l'école. D'ailleurs, même si on avait le temps de passer à Boé, franchement, on y ferait quoi ? »

« Non mais arrête ! – C'est toi arrête ! » Les cris de Colette et Raoul mirent fin à la discussion. De ce que je décryptais de leurs récriminations, Colette était agacée que Raoul se balance sur sa chaise, elle l'avait attrapé, et Raoul criait à sa liberté perdue.

À chaque fois que les enfants s'engueulent, je me concentre pour tenter d'y voir une forme d'apprentissage. J'imagine Maria Montessori me disant : « Pour vous, c'est du bruit inutile, quand pour eux, c'est un exercice. Ils apprennent comment vivre avec les autres, quelles sont les limites de chacun, ce qui arrive si on les dépasse. » Mais quand j'ai mal dormi, ça me gonfle prodigieusement de les entendre crier.

Maintenant que le film était fini, il fallait que je les occupe autrement. Je chargeai Colette de fouiller dans la cuisine et de choisir trois choses qu'elle trouvait jolies et qu'elle voudrait rapporter. Même objectif pour Raoul concernant une étagère de vieilles BD.

De mon côté, je m'activais pour mettre dans les sacs tout ce que je souhaitais emporter. On allait avoir une classe folle dans le train avec nos poubelles. Mais je préférais ne pas penser au retour à Gabarny et à la bombe familiale que j'avais dans mon sac.

Greg nous attendait à la gare. Il avait emprunté une voiture pour pouvoir transporter femme, enfants et sacs-poubelle. Lapouta a réintégré son domicile, qui semblait calme. Il nous a fait un signe de la main en souriant et il a disparu derrière la porte. Ça m'a pincé le cœur.

Je m'étais foutue dans une situation affective complexe. Lapouta n'était pas mon enfant, il n'y avait pas d'ambiguïté. Peut-être que c'était à force de fréquenter le club des BMA, mais je me disais qu'il pouvait exister d'autres formes de relations en dehors de la famille traditionnelle. Je ne voyais pas Lapouta comme mon fils, plutôt comme un enfant qui faisait partie de ma vie et dont j'étais l'une des adultes référentes.

Ou alors, hypothèse plus dérangeante, j'étais sans le savoir une perverse mémère. Peut-être que j'aurais dû prendre de la distance. En même temps, avant de partir à Lille, j'avais réalisé que j'avais désormais une responsabilité vis-à-vis de lui.

Bref. Ma vie devenait sacrément compliquée, et ça me convenait plutôt bien. C'était comme si la présence de Lapouta m'avait ancrée. Je coulais au milieu d'un océan de dépression jusqu'à ce que je croise ce gamin. (Et un héritage providentiel, avouons-le.) Il me forçait à me tenir debout, les pieds sur terre.

Moi qui avais toujours eu l'impression que je flottais, comme une amibe, mais une amibe à l'état gazeux, je commençais à me sentir passer à l'état solide. Les scientifiques appellent ce processus de transformation la condensation. À trente-huit ans, j'étais enfin en train de me condenser.

Pourquoi la naissance de Raoul, pourtant l'amour de ma vie, n'avait-elle pas enclenché cette condensation ? Je crois qu'elle l'avait fait mais qu'elle ne suffisait pas. Il fallait plusieurs ancrages sur terre pour me tenir. Un seul fil, c'était trop léger. Même en incluant Greg et Colette, les mailles n'étaient pas assez serrées. L'addition de Greg, de Colette, de Raoul et de Lapouta m'apportait le poids qu'il fallait pour que je ne dérive plus.

De ce séjour à Lille, je retenais également que j'avais apprécié de passer du temps avec ma belle-fille. Une fois son père hors du champ de vision, quand on s'extirpait de cette rivalité ridicule, j'aimais cette gamine et, encore plus incroyable, c'était réciproque. À Lille, j'avais été celle en qui elle plaçait sa confiance. Elle m'avait suivie les yeux fermés et cela aussi créait un lien.

La confiance que ces enfants avaient en moi, leur conviction que je saurais faire m'avaient sorti la tête du trou.

Dépressives et dépressifs de France, remplacez le Xanax par le BAFA.

Et heureusement que j'allais mieux parce qu'il allait falloir être solide pour encaisser la suite. J'avais demandé à Damien de passer un soir à la maison, pas tant comme meilleur ami que comme membre de la famille. Je voulais son avis – une chose difficile à obtenir de sa part.

Damien était sur le canapé, Greg était assis à côté de lui. Il avait un couteau pointu à la main dont il se servait comme tournevis pour enlever les minuscules vis d'un train électrique. Il avait promis à Raoul qu'il le réparerait – à mon grand regret.

Colette et Raoul étaient lancés dans une opération de « faisons de cette heure de coucher une heure sans fin en utilisant tous les prétextes possibles ».

Damien me demanda :

« Alors ? J'imagine que tu as trouvé quelque chose chez Raymond ?

– Ouh là… T'imagines même pas. »

Je lui racontai l'histoire de la boîte et du message secret et les relations entre le Forain et Raymond. Puis les mensonges de la Mouche. Il fit un rond avec sa bouche, expulsa de l'air avec l'expression d'une poule sous LSD.

« Waouh… Moult foisons d'informations.

– Tu l'as dit, mon beau-mi. Je fais quoi ? »

Colette passa en chemise de nuit.

« Je vais faire pipi. »

Greg me regarda avec une douceur suspecte.

« Pour ton histoire de trésor… » Le couteau en l'air, il semblait chercher ses mots. « Peut-être qu'il faudrait envisager simplement qu'on ne sera jamais riches et que tant pis, c'est pas très grave. On vit déjà bien. »

Il m'aurait avoué qu'il votait extrême droite, j'aurais fait la même tête.

« Mais t'es fou ? Je ne vais pas abandonner au moment où il y a vraiment un trésor.

– Tu n'en sais rien. Tu as dégoté un bout de papier laissé par un mec grabataire. » Il pointa son couteau vers moi pour énumérer. « Primo, le trésor, s'il existe, a peut-être déjà été découvert. Deuxio, ça se trouve, il n'y a pas de trésor. Peut-être que Raymond était gâteux, peut-être que "or" voulait dire complètement autre chose. Tercio, imaginons que tes hypothèses sont justes. Si c'était de l'argent volé à la Libération, il faudrait le rendre.

– Tu as totalement perdu l'esprit. De l'argent volé aux collabos, je ne vais pas le rendre. »

Damien choisit d'intervenir à ce moment-là, suivant sa technique qui consiste à toujours donner son point de vue sur une partie très secondaire du sujet.

« Greg n'a pas tort. Légalement, si jamais tu trouvais un trésor, tu devrais le déclarer aux autorités. En gros, ça dépend de l'endroit où tu le trouves. Si c'est chez toi, tu peux le conserver. » Il jeta un regard sur le salon. « Mais ça m'étonnerait qu'il soit sous le canapé. S'il est chez quelqu'un d'autre, tu dois partager moitié-moitié. Pareil s'il est dans un terrain appartenant à l'État, tu divises en deux.» Devant le regard interrogateur de Greg, il a ajouté: «À une époque, j'avais pensé me lancer dans la recherche de trésors. Vu le passé de la France, il doit y avoir des tonnes de pièces d'or enfouies dans la terre. Je voulais acheter un détecteur de métaux. Mais le Code civil précise que le trésor doit être découvert par hasard. Si tu le trouves avec un détecteur de métaux, tu n'as droit à rien.»

Greg posa une vis sur la table basse et lança:

«C'est donc vraiment une névrose de famille.»

«J'ai fini de faire pipi, bonne nuit», dit Colette en repassant.

Dès qu'elle fut dans la chambre, on entendit ses gloussements mêlés à ceux de Raoul.

«Ma pauvre, dit Damien, t'as dû en chier des rondelles à chapeau, seule avec les trois.

– Et bah, en réalité, pas tellement. C'était même plutôt cool.

– Et le troisième, Lapouta, c'était pas bizarre d'avoir un môme inconnu avec toi?»

Greg rigola.

«Il n'est plus vraiment inconnu, on est quasiment en garde partagée.»

Damien me demanda sur un ton dont je n'arrivais pas à déterminer le degré de sérieux :

« Mais tu veux l'adopter ?

– Non, pas du tout. C'est… rho, je sais pas comment expliquer. Ça ne ressemble à aucun type de relation. Si on pouvait imaginer une amitié entre adulte et enfant, et bah ça serait ça. »

Raoul passa en gloussant :

« Je vais faire pipi.

– OK, dit Greg, mais ensuite vous vous calmez et dodo. » Puis se tournant vers moi : « Niveau trésor, je pense que tu devrais abandonner.

– Mais ça changerait notre vie ! »

Cette fois, sa voix prit une intonation exaspérée : « Mais pourquoi tu veux absolument changer notre vie ? Merde ! Elle a quoi d'horrible ? Parfois, à t'entendre, on dirait que tu vis dans un bidonville brésilien. »

J'étais surprise par sa virulence. Je n'avais pas envisagé que mes rêves de fortune aient pu le blesser. Et j'étais touchée par son attaque.

Mais Greg en avait gros sur la patate. Il a insisté :

« C'est à croire que tu détestes notre vie. C'est quoi le problème ? C'est quoi qui ne te va pas ? C'est mon boulot ? Ça rapporte pas assez d'argent ?

– Mais ça n'a rien à voir ! C'est pour nous deux, pour qu'on puisse profiter davantage. »

Damien feignait d'être passionné par la semelle de sa chaussure gauche.

« Mais moi, elle me va notre vie comme ça ! Pourquoi, toi, ça ne te suffit pas ? Finalement, c'est pas assez bien pour Berthoul, c'est ça ?

– Oh… Coup bas… »

J'étais blessée, Greg essaya d'adoucir son propos.

« J'ai juste l'impression que tu ne vois pas tout ce qu'on a déjà de bien.

– Mais si, je le vois. Ça n'empêche pas de vouloir encore un tout petit peu mieux. »

Il avait de nouveau la tête penchée sur le train de Raoul et trifouillait un fil électrique.

« Écoute, si ça t'amuse de chercher un trésor, vas-y. Mais tu risques d'être déçue. Tu cours après un fantasme. »

Je me tournai vers Damien qui haussa les épaules.

« Moi je dis que ça dépend de qui est le propriétaire du terrain sur lequel serait le trésor. »

Vu l'ambiance un peu lourde, je décidai d'embrayer sur l'autre gros sujet.

« Et concernant la Mouche, je fais quoi ? »

Greg se redressa, il avait l'air sûr de lui.

« Là, ça me paraît clair. Tu dois lui parler. Il y a sûrement des choses que tu ne sais pas, elle t'expliquera ce qui s'est vraiment passé. Et ensuite, tu verras ce que tu dis à ta mère. »

Damien toussota.

« Eh bien, bizarrement, je ne partage pas ton point de vue. Je pense qu'il ne faut rien dire.

– T'es fou, je ne peux pas ne rien dire ?! Pourquoi tu veux que je fasse ça ?

– Je suis certes une pièce rapportée dans cette famille mais je la côtoie depuis que j'ai huit ans et je peux te dire un truc : si tu parles, ça va faire exploser la famille. » Je restai silencieuse. « Et tu le sais. C'est comme des Kapla. La famille est construite sur ce mensonge, tu enlèves le mensonge, tout se casse la gueule. Ça va être cataclysmique.

– Mais… Je ne me vois pas enterrer tout ce que j'ai appris. Et puis, ce n'est pas comme si la famille allait bien. Mon oncle est dingue, ma mère est au fond du trou. Je vois mon père une fois par an et il n'en a rien à foutre. Peut-être qu'il faut tout détruire et ensuite, on pourra rebâtir sur des bases saines. »

Pour une fois, Damien émit un jugement clair.

« Une famille avec des bases saines, je n'y crois pas. »

Greg avait remplacé la pile ronde du train. La petite locomotive lança un joyeux « tout le monde en voiture ! ». Il l'éteignit et posa le jouet sur la table. Il avait l'air affligé par notre discussion.

« Base saine ou pas, on s'en fout. Non, vous n'allez pas reconstruire votre famille, c'est certain. Mais par principe, on ne cache pas la vérité. Ce n'est pas une question d'efficacité, c'est une question politique. On doit la vérité aux gens qu'elle concerne, c'est tout. Qu'elle fasse du mal ou pas. Tu dois la vérité à ta mère. C'est son histoire. Je ne vois même pas pourquoi on en discute. »

Pourtant Damien n'était pas prêt à abandonner.

« Alors, j'ai un autre argument. Mais vous allez le trouver encore plus pessimiste. Chloé, si tu parles, j'ai peur que ça te retombe dessus. Le messager est toujours tué. C'est comme ça. Sophocle l'a écrit. Personne n'aime le porteur de mauvaises nouvelles. Et là, en termes de mauvaise nouvelle… Dire à ta mère que sa propre mère lui ment depuis toujours… Ça va forcément abîmer votre relation. »

Greg dut admettre que ce n'était pas faux.

« Mais ça en vaut la peine malgré tout. On ne transige pas avec la vérité. Ta mère doit savoir.

– Vous êtes en train de faire un dilemme philosophique avec mes emmerdes familiales. » J'ai réfléchi une seconde avant d'ajouter : « Ça me donne l'impression d'être une héroïne de Corneille. »

Pour une fois, il faisait un temps idéal. On était début mars. Il y avait du soleil sans qu'on traverse un épisode caniculaire. L'air était un peu frais mais nos phalanges n'étaient pas paralysées. Je baissai la fermeture éclair de mon sweat gris.

Depuis notre escapade lilloise, j'étais dans une nouvelle démarche bien-être. Moi qui m'étais imposé des jeans trop serrés pendant des années, des petits pulls avec l'étiquette qui gratte et des soutifs que j'enlevais avec un soupir de soulagement qui aurait dû m'interpeller plus tôt sur le degré d'inconfort que je m'infligeais, j'avais décidé de ne plus m'emmerder. J'étais infiniment plus à l'aise en jogging et brassière, alors pourquoi diantre m'infliger des tenues cintrées et des armatures ?

Je pensais à tout ça, postée devant l'entrée des Mimosas, ce qui était sans doute une stratégie pour reculer le moment d'affronter la Mouche. Après beaucoup de jus de cerveaux mélangés, j'avais tranché. J'allais demander des explications à ma grand-mère, et seulement ensuite, je verrais quelles informations transmettre à ma mère.

Je me décidai à faire le code et à entrer. Je m'attendais à la trouver sur le balcon, occupée à harceler le maire, mais pas du tout. Elle regardait la télé dans son fauteuil. J'arrivais pendant le téléfilm de l'après-midi à base d'architectes sexy qui se révélaient être des maris harceleurs poursuivant leurs secondes épouses après avoir enterré le cadavre de la première dans le chantier de la piscine dont ils avaient obtenu le contrat de construction.

Je me penchai, frôlai sa peau parchemin et son odeur me prit au cœur. Elle leva la tête et fronça ses sourcils…

« Bah, t'es venue en pyjama ? T'es malade ? Je ne veux pas de miasmes ici, hein. »

Je m'installai dans le fauteuil en face. C'était un fauteuil Voltaire, en bois et velours vert, avec un grand dossier. L'assise était beaucoup trop dure, on était très mal dessus. En plus, il pesait une tonne, je galérai à le tirer pour me rapprocher un peu de la Mouche, bien installée dans son fauteuil relaxant avec télécommande.

« Non, j'ai juste décidé de m'habiller de manière plus confortable. Je libère mon corps. »

Elle sembla mâchouiller un truc et fit un bruit de succion.

« Une libération par le moche, c'est original.

– Je pensais que tu serais dehors, en train de harceler le maire... Vous en êtes où ?

– Pfff... Il a abandonné son idée de me caser à l'autre bout de la ville.

– C'est bien, tu dois être contente. »

Elle continuait de regarder la télé.

« Tu parles, maintenant, il veut me mettre dans un studio de l'autre côté du couloir, côté rue.

– Peut-être qu'il en a marre que tu le guettes toute la journée...

– Bah, il sait pas ce que je lui réserve, lui. »

Je passai ma main sur l'accoudoir en velours du fauteuil. Un geste que je n'avais jamais fait de ma vie. On aurait dit un cardinal dans un roman de Dumas.

« Tu sais que je suis allée à Lille ? »

Ses yeux prirent immédiatement un reflet d'intérêt. Elle hocha la tête et coupa le son de la télévision.

« Et... heu... j'ai découvert des trucs qui m'ont un peu surprise. »

J'attrapai mon sac et en sortis la lettre dans laquelle elle menaçait Raymond s'il revenait devant l'école. Je la lui tendis. Elle la prit, l'ouvrit, la lut, la replia et me la rendit sans dire un mot. Il y avait une pointe de défi dans son attitude.

« Tu savais que Raymond était en vie. Pourquoi vous avez fait croire à tout le monde qu'il était mort ?

– Je t'ai déjà dit. Il avait des problèmes avec les bandits. Il devait disparaître. Et franchement, on était mieux sans lui.

– Tu t'es plainte toute ta vie que c'était trop dur d'élever deux enfants seule, et en réalité, tu pensais que tu étais mieux sans lui ?

– Oui. On a le droit de se plaindre un peu. C'est pas illégal que je sache. En tout cas, toi, tu ne t'en prives jamais.

– Mais tu as menti à tes enfants. Tu imagines ce que ça leur a fait. Si tonton est parano, tu penses pas qu'il y a un lien ?

– Non.

– Et maman ? Elle n'aurait pas été plus heureuse en sachant la vérité ?

– Tu ne comprends rien. Notre pays s'est créé un roman national. »

Je lui jetai un regard perplexe. Elle se redressa un peu, bomba sa frêle poitrine et reprit, avec sa voix de prof d'histoire :

« En 1870, la France perd la guerre contre la Prusse, la future Allemagne. Nous perdons l'Alsace et la Lorraine. »

Putain… si elle devait me faire tout le XXe siècle, on n'était pas rendues.

« Le moral est au plus bas. Comment on se construit quand on est une nation de perdants ? Comment on se projette dans l'avenir sans confiance en soi ? On a créé un roman national. On a récupéré Vercingétorix, les Gaulois, on a réécrit l'histoire, on a offert de nouveaux modèles français. Dans l'Empire romain, c'était pareil. » Rétropédalage de deux mille ans. On n'arriverait jamais jusqu'en 1956. « On racontait la construction mythique de Rome par Rémus et Romulus. C'était faux, évidemment. Mais ça servait à ancrer la puissance de Rome.

Quand, après sa mort, on considérait qu'un empereur avait été coupable de crime contre l'État, le Sénat votait son effacement. Paf. On martelait son nom avec un… rha… un… bon, on faisait ça pour qu'il ne soit plus lisible. On détruisait ses statues. On faisait comme s'il n'avait jamais existé. C'était la *damnatio memoriae*. C'est ce qui est arrivé à Marc Antoine et à Néron. »

Elle s'arrêta là, comme si tout était désormais limpide. J'essayais de trouver un moyen de raccrocher les wagons pour revenir à mon sujet.

« OK. Je vois, donc tu as décidé de pratiquer la même chose sur Raymond. De l'effacer. Mais d'abord, tu n'es pas le Sénat, il n'y a pas eu de vote, tu l'as décidé seule.

– Évidemment ! J'étais la cheffe de famille ! Il faut arrêter ces balivernes, croire que la famille c'est une démocratie avec une égalité des voix. J'ai décidé de vous offrir à tous un roman familial acceptable. Une histoire qui vous permettrait de vous développer harmonieusement. Tout le monde raconte des histoires. Tu te racontes des histoires en permanence. Eh bien, j'ai fait pareil. C'est un cadeau que je vous ai fait.

– En général, on considère que le vrai cadeau, c'est la vérité.

– Mais ça n'existe pas ! »

OK, elle était en plein trumpisme. Elle allait bientôt me parler de vérité alternative. Elle s'énervait.

« Écoute-moi bien, ma petite, toutes les familles ont des secrets, ou des mensonges, ou des malentendus. Des choses dont on ne parle pas, ou qu'on a mal comprises et qui se transmettent de travers. Toutes ! La seule différence, c'est que moi j'ai décidé de faire ça bien. Au propre. J'ai peaufiné notre histoire familiale. »

Elle était inébranlable. En même temps, elle n'allait pas se remettre en question à son âge, je n'étais pas certaine qu'elle y survivrait. Peut-être que désormais c'était à moi de conforter son mensonge ? Pour sa sécurité mentale à elle ?

« Mais il y a un truc que je ne comprends pas. Dans l'Antiquité, il fallait que l'empereur qu'on effaçait ait commis un crime contre l'État, tu l'as dit toi-même. Quel était le crime de Raymond ? »

Elle serra son poing. Puis elle se pencha pour attraper un chocolat dans une boîte posée sur la table entre nous. Elle l'enfourna et elle me répondit en mâchant.

« Il était nul.

– Comment ça, nul ?

– Il était nul. Que veux-tu que je te dise ? Il était lâche, mou, idiot.

– Attends, il était dans la Résistance quand même. Et puis personne ne t'a forcée à l'épouser. »

Elle serra sa bouche si fort que son menton remonta vers son nez.

« Ça, jamais maman ne m'aurait forcée à l'épouser. D'ailleurs, elle ne l'aimait pas beaucoup. J'aurais dû l'écouter. Mais j'étais naïve. C'est à cause de la Résistance, oui. Ça m'a éblouie. J'ai cru qu'il était quelqu'un. En quelques années, j'ai vu qu'il était sans ambition. Il voulait juste poser son gros cul et rien faire.

– Enfin… Je sais pas… c'était fini la guerre. Tu voulais qu'il fasse quoi ? Il allait pas continuer à poser des bombes pour le frisson. »

Elle dressa un doigt professoral.

« Après la guerre, il y avait deux types de personnes. Celles qui voulaient en profiter pour changer le monde. Et celles qui voulaient poser leur gros cul. »

C'est vrai que, depuis leur séparation dans les années 1950, la Mouche avait changé Gabarny, à défaut de changer le monde. Elle avait été partout, déployant une énergie folle, alors que Raymond avait ressemelé des chaussures entre deux séjours en club vacances en Tunisie. J'admettais qu'ils étaient sans doute mal assortis. Et je comprenais pourquoi la Mouche adolescente avait pu se méprendre sur la personnalité du jeune résistant.

« Je comprends. Mais pourquoi ne pas avoir divorcé ? »

Elle leva les yeux au plafond.

« Tu crois que j'y ai pas pensé ? Au bout de quelques années de mariage, quand j'ai compris quelle nullité il était et qu'il ne changerait pas, je lui ai dit que je voulais divorcer. Il a dit non. Point. Pas de discussion. Pour qui il se prenait ? J'avais l'impression d'être en cage. À l'époque, il y avait la séparation de corps, ça m'allait. Tout m'allait d'ailleurs, du moment qu'on se séparait. Mais monsieur a refusé. Lui, il était bien comme ça. Évidemment. Je faisais tout dans la maison et je travaillais gratuitement à la quincaillerie.» Elle a fait une moue dégoûtée. «Alors, j'ai tenté le divorce pour faute. Et je peux te dire que je l'ai cherchée, la faute. Je l'ai suivi pendant des semaines en espérant le trouver avec une autre femme. Mais rien! Cette andouille était fidèle!»

Elle a attrapé un autre chocolat. Finalement, elle avait l'air heureuse de raconter son histoire.

«J'ai passé des années à réfléchir à ce que je pouvais faire. Le problème, c'est que je n'avais aucun moyen de pression sur lui. Une femme, à l'époque, ça comptait pour des cacahuètes. Alors j'ai attendu mon heure. Et elle est venue.» Elle a eu un sourire de fierté. «Je t'ai parlé des histoires de bandits de la Résistance? L'un d'entre eux avait confié son magot à Raymond. C'était de l'argent illégal, venu de la traite des femmes.»

Je décidai de ne pas la corriger. D'abord, je ne voulais pas interrompre ses révélations. Ensuite, je préférais garder mes infos.

«Raymond l'avait planqué, sans me dire où, évidemment. Mais je savais qu'il l'avait. Parce qu'après, les bandits ont été arrêtés. Et Raymond était coincé avec le magot. Il ne pouvait pas le dépenser. Ni s'en débarrasser. Enfin... s'il avait été moins mou, il aurait pu inventer une solution.

– Et alors ?

– Eh bien, un jour j'ai compris que c'était mon billet pour la liberté. Je lui ai fait du chantage. Je lui ai dit que s'il ne voulait pas que je le dénonce à la police, il devait disparaître. Ah... Là, d'un coup, monsieur a changé d'avis, il acceptait le divorce. Mais je lui ai dit que c'était trop tard. J'ai poussé mon avantage. J'ai exigé qu'il s'en aille sans retour. »

Elle avait un sourire presque béat.

« Mais pourquoi tu ne voulais plus du divorce ?

– Je ne voulais plus du tout de lui dans nos vies. Il aurait toujours eu l'autorité parentale. Il aurait été là, quelque part, pas loin, à penser qu'il avait un droit de regard sur nos vies. Devenir veuve, c'était devenir libre. Je récupérais ma liberté économique, l'autorité parentale, tout.

– Alors vous avez imaginé cette histoire d'accident de voiture. Mais comment tu as fait croire à sa mort ? Tu as mis en scène un vrai accident de voiture ? »

Elle grinça. Je mis quelques secondes à comprendre qu'elle riait.

« Pas du tout ! C'était beaucoup plus simple. Il est parti et j'ai dit qu'il était mort. Personne n'a vérifié. Je n'ai pas demandé de pension de veuvage. Dans les papiers, je disais que j'étais mère célibataire et ça passait. À la mention du père, je ne mettais rien. Aucun nom. »

Son sourire était de plus en plus large à l'évocation de ces sympathiques souvenirs.

« Le jour où il est parti, j'ai fait un gâteau aux enfants. C'est un des plus beaux moments de ma vie. J'étais seule dans ma maison. Je suis allée me coucher dans mon lit et personne n'est venu me déranger. Au début, je n'en revenais pas de ma liberté. Personne à qui rendre des comptes. Personne qui me demandait où j'avais été. Personne à qui je devais expliquer combien j'avais dépensé au marché. Bon… Pas d'argent non plus. Ça, ça a été difficile. D'abord, j'ai été à l'usine. C'était épuisant. En même temps, j'avais repris mes études. Heureusement, mes parents m'ont aidée. Ils s'occupaient beaucoup des enfants. J'ai passé mon diplôme pour devenir enseignante. Et ensuite, mais c'était plus tard, j'ai même eu l'agrégation ! »

Elle souriait, un peu perdue. La suite, je la connaissais. C'est sûr qu'elle n'était pas restée assise sur son cul.

« La liberté. Ça a toujours été ça mon combat. J'ai commencé par gagner la mienne, et ensuite je m'en suis servie pour aider les autres à avoir la leur. Et enseigner, c'était aussi ça. Aider les gosses à devenir libres. » Elle s'arrêta avant de reprendre en me regardant. « Toi aussi tu vas devoir inventer ton récit. Les enfants ont besoin d'un récit cohérent.

– Peut-être, mais je ne leur mentirai pas.

– Tu trouvais ça mieux de leur dire que leur père était nul ? Tu trouves ça bien pour se construire l'idée qu'on partage son sang avec une nullité ? Un héros de la Résistance mort en voiture, c'était un meilleur terreau. »

C'était la première fois qu'elle me parlait aussi longuement de Raymond. Jusqu'à présent, j'avais, il est vrai, montré assez peu de curiosité à son sujet. Au fil des ans, la version de la Mouche avait tout de même changé. Du résistant mort tragiquement jeune, on était passé au type qui avait un problème avec la bouteille, puis au mec pas intéressant et voilà que désormais il était carrément la dernière des nullités.

Derrière le jugement péremptoire, je sentais autre chose, une forme d'animosité et l'envie, presque gourmande, de dire tout le mal qu'elle pensait de lui et qu'elle avait dû taire si longtemps.

« En fait, tu le détestais. Et plus incroyable, tu le détestes toujours, c'est ça ?

– N'essaie pas de faire de lui une victime ou un héros, ma petite. Tu ne l'as jamais connu. »

Dans le son de sa voix, je distinguais l'ombre de ce qu'elle ne disait pas. Je tentai…

« Il te dégoûtait un peu, c'est ça ?

– Carrément, tu veux dire ! De toute façon, les hommes sont des cochons, toujours à vouloir nous coller leur grand truc entre les jambes.

– Ah… Il faisait ça ? Il insistait ?

– Évidemment. Ils le font tous. C'est tout ce qui les intéresse.

– Tu étais très jeune quand vous vous êtes mariés, non ? Tu avais seize ans, je crois…

– Il était comme une bête. Lourd. Il respirait fort. Tout le monde disait que c'était normal. Mais moi, j'ai décidé que ça devait s'arrêter. »

La difficulté avec la Mouche, c'est qu'on ne savait jamais si elle avait bien conscience de ce qu'elle disait, si elle devenait brusquement honnête à cause d'une forme de sénilité ou si, simplement, elle avait envie de parler et qu'elle assumait ses confidences.

En tout cas, c'était la première fois que ma grand-mère me parlait de sexualité. Et ce n'était pas heureux. Malgré les dizaines d'années qui s'étaient écoulées, le dégoût des rapports sexuels forcés était toujours là. Elle avait dû avoir peur, avoir mal, être écœurée.

Je me suis penchée pour lui caresser la main et d'une voix douce je lui ai dit :

« Tu sais que, de nos jours, des rapports non consentis, ça s'appelle des viols ? Tu n'en as parlé à personne à l'époque ? »

Elle a retiré sa main.

« Non ! Ça, ce sont vos mots de petites victimes toujours en train de chouiner ! Pas les nôtres ! Nous, on se mariait et on savait qu'on devait y passer. C'est tout ! T'aurais voulu quoi ? Que j'aille voir la police et que je dise "mon mari veut que je sois sa femme" ? Il disait ça. "Sois ma petite femme." Non, si on ne voulait pas ça, on ne se mariait pas. C'est clair. Ou on devenait veuve.

– Et ça a été comme ça pendant tout votre mariage ?

– Dix ans. »

OK. Elle avait enduré dix ans de viols. Ça expliquait sans doute beaucoup de choses. Je la regardais, elle s'était retournée vers la télé. Finalement, elle m'a demandé :

« Tu voulais autre chose ?

– Tu sais, il va falloir dire la vérité à maman. Maintenant qu'elle sait que son père n'est pas mort dans un accident, elle croit qu'il l'a abandonnée. Elle a besoin d'explications, sinon elle va sombrer. »

La Mouche a haussé les épaules. Elle avait l'air fatiguée. J'en ai conclu qu'elle m'autorisait à parler.

Je suis sortie de là en regrettant amèrement de ne plus fumer. Il faisait encore beau. J'ai marché un peu. Les Mimosas se trouvaient dans une rue cossue avec de belles maisons de ville. Des glycines étaient déjà en fleur dans les jardins fermés par des grilles en fer forgé. J'ai attendu le bus, je suis montée et je me suis assise. J'ai posé mon coude contre la vitre et j'ai regardé les rues de Gabarny qui défilaient. Cette ville était tellement liée à la vie de la Mouche... Elle finissait dans la maison de retraite la plus chic alors qu'elle était née dans les quartiers populaires.

Plus loin, à l'extérieur de la ville, l'usine où elle avait travaillé avait été laissée à l'abandon pendant des années, elle venait d'être reprise par un collectif d'entrepreneurs qui s'étaient rencontrés en école de commerce. Ils avaient annoncé y ouvrir un restaurant semi-gastronomique en hommage à la mémoire de la classe ouvrière.

Sur le mur d'un immeuble, il y avait un nouveau tag du Collectif uni des hommes, le CUH. Il disait STOP FÉMINISME, VIVE L'HUMANISME.

La ville contenait la vie de milliers de gens qui se croisaient sans se connaître. Mais la ville n'était pas inerte. Elle était malaxée par nos activités, comme un exosquelette vivant. Elle débordait par endroits. Ses vieilles plaies nous contaminaient – comme l'usine d'œillets métalliques qui empoisonnait l'air de l'école. On avait cru au mythe du terrain neutre, la feuille de papier vierge sur laquelle on pouvait dessiner ce qu'on voulait. Mais la ville était un environnement vivant réactif.

Je descendis du bus avant mon arrêt. J'avais besoin de marcher. Je savais que je me perdais dans des grandes considérations pour ne pas affronter le vrai sujet.

L'histoire des violences sexuelles de ma grand-mère.

Je comprenais que, pour elle, cela ne pouvait pas être qualifié de viol. Et il était évident que Raymond ne s'était jamais vu comme un violeur. Il devait avoir constaté qu'elle n'aimait pas ça, qu'elle essayait d'y échapper. Et il ne tenait pas compte de ses réticences. Peut-être qu'il se disait qu'elle finirait par s'habituer. Peut-être même qu'il avait tenté de lui faire aimer le sexe.

Quels étaient les us et coutumes sexuels de nos grands-parents ? Est-ce que les couples pratiquaient le cunnilingus ou était-ce tabou ? Il y avait des préliminaires, comme on disait avant, ou pas du tout ? Je n'en avais aucune idée.

Ce que je voyais, c'était une fille de seize ans traumatisée par sa première nuit. Et les suivantes. Au point de vouloir faire disparaître son agresseur. Les mœurs étaient sans doute différentes, et la Mouche refusait le terme « viol », mais tout son corps, son attitude, le son de sa voix, quatre-vingts ans plus tard, disaient encore le trauma. La société d'alors considérait peut-être que le devoir conjugal était la norme. Il n'empêche que la tête et le corps de cette ado avaient été blessés.

Et puis, en plus des violences sexuelles, il y avait eu le fait d'appartenir à cet homme. De devoir lui être soumise dans sa vie quotidienne. Non seulement il la violait la nuit, mais en plus, le jour, il la faisait chier avec les tickets de caisse des courses.

Le Code civil du mariage n'était clairement pas taillé pour la Mouche.

Voilà.

Ma grand-mère haïssait mon grand-père.

Ma famille était née d'une haine.

C'était une sacrée découverte.

Et, puisqu'on en était là, autant tirer le truc jusqu'au bout, ma mère était sans doute née d'un viol.

Bon.

On faisait quoi avec ça ? On n'était probablement pas un cas exceptionnel. Combien d'enfants, y compris légitimes, sont nés de violences sexuelles ? Des générations de femmes maltraitées, sous-estimées, harcelées, violées, jugées, dégradées, dénigrées, empêchées, interrompues.

Devait-on pardonner à nos mères et nos grands-mères leurs blessures ? La maladresse avec laquelle elles nous parlaient et peut-être pire encore la maladresse avec laquelle elles se taisaient. À peine avouaient-elles un avortement. Mais tout le reste était tenu caché. Leurs blessures ne nous les rendaient pas plus proches. Ces blessures secrètes, honteuses, bâtissaient des murs entre les femmes. Des incompréhensions, des violences qui se propageaient au-delà des générations.

Je comprenais pourquoi la Mouche passait son temps à me demander si j'allais quitter Greg. Elle devait penser que je subissais la même chose qu'elle. Mais jamais elle ne m'aurait posé la question.

Devions-nous guérir des blessures de nos parents ? Et chaque geste pour tenter de passer par-dessus semblait si insignifiant, si faible, si fragile face à l'immensité de la douleur des femmes. Comment cela pourrait suffire ? Comment celle qui a été cassée, toutes celles qui ont été cabossées, écorchées, détruites, abîmées, comment pourraient-elles se parler quand chacune croyait être responsable de son malheur ? Pourquoi ce lot de souffrances pourtant commun n'en finissait pas de nous séparer ?

J'avais voulu la vérité. Je l'avais.

La Mouche avait raison. C'était un cadeau encombrant.

Je repensais aux photos d'elle que j'avais trouvées chez Raymond. J'aurais voulu sauver cette jeune fille au sourire en coin. Mais j'arrivais avec presque un siècle de retard. Et puis, elle n'avait eu besoin d'être sauvée par personne. Elle s'en était très bien sortie seule. Elle avait même été effrayante d'efficacité.

Maintenant, restait à faire entrer dans la boucle l'autre femme. Ma mère. Il me revenait, à moi sa fille, de lui raconter son histoire.

J'avais choisi d'appeler d'abord Samir, son mec. Techniquement, c'était mon beau-père, mais en réalité on n'avait presque pas vécu ensemble. Ils s'étaient mis en couple au moment où je prenais mon indépendance. Je l'aimais bien, c'était un chouette type. Il parut étonné que je le contacte.

« C'est au sujet de ma mère. Je voulais savoir comment elle va. Avoir ton avis.

– Ah… Eh bien, pour être honnête, elle ne va pas bien.

– Merde.

– Elle a développé une lubie étrange. Elle va à des enterrements.

– Hein ?

– Oui. Elle se rend à des enterrements de gens qu'on ne connaît pas. Elle veut assister aux cérémonies. Je crois qu'elle s'en veut énormément que son père soit mort seul. Et qu'il ait été oublié dans son appartement.

– C'est vrai que c'est un peu moche.

– Je suis inquiet. J'espère que ça ira mieux après l'enterrement de son père.»

Un signal d'alarme s'est déclenché dans ma tête.

«Ah oui. J'avais pas pensé à ça. Va falloir qu'on l'enterre.

– Ne t'inquiète pas, ta mère a commencé à s'en occuper. Elle organise la cérémonie avec les pompes funèbres. Ça aura lieu à Gabarny, dans le caveau familial.

– Mais elle en a parlé à la Mouche?»

C'était le caveau de la famille de la Mouche. Je ne voyais pas la vieille se réjouir à l'idée que Raymond se retrouve enterré avec elle pour l'éternité.

«Pas encore. Elle ne veut pas la brusquer. À son âge, ça fait beaucoup de choses à encaisser.

– Oh… Tu sais, je crois que la Mouche peut encaisser assez facilement.»

Il a rigolé.

L'organisation de l'enterrement me forçait à accélérer les choses. Je devais dire la vérité à ma mère avant qu'elle se jette en pleurant sur le cercueil de son père. Je lui proposai de venir dîner chez elle le lendemain. Greg était de relâche, il garderait Raoul. Ma mère était étonnée de mon empressement mais ravie.

Je venais peu chez eux. Samir et elle avaient emménagé à Beaurepaire, un nouveau quartier de la ville. On avait construit des immeubles modernes dans les années 2000, avec toits végétalisés, écoconstructions et compost de quartier. Ils avaient acheté sur plan un trois-pièces spacieux, au cinquième étage, avec un immense balcon qui faisait le tour de l'appart.

Autre avantage, ils étaient en face du seul complexe de cinéma du coin, à côté des fameux thermes romains. Pour profiter de leur retraite, c'était un bon endroit. Samir s'investissait dans le jardin partagé du quartier. Ma mère était inscrite à un atelier de céramique. Ils avaient l'air heureux.

Avant tout ce bordel.

En arrivant chez eux, ma mère voulut absolument me faire voir ses dernières créations en céramique.

Son appart était coloré, il y avait des tissus partout, des fleurs dans des vases, c'était calme et agréable. Ça sentait bon, elle avait allumé le diffuseur de parfum. Son chat est venu se frotter à ma jambe.

Pourquoi est-ce que chez moi c'était nul ? Où était la différence ? C'était invisible et pourtant flagrant. D'abord, c'était propre. À la maison, on faisait un ménage approximatif une fois par semaine. Entre vivre et nettoyer, on avait choisi. Et puis, ici, chaque chose était à sa place, donnant une impression d'harmonie. Pas de jouets qui traînaient partout. Pas de pelures de gomme sur la table basse, pas de feutre sans capuchon sur le sol, pas de chaussettes en tire-bouchon coincées dans le canapé.

Ma mère et Samir étaient dans la cuisine. La porte était ouverte et elle me parlait en même temps.

« J'ai préparé un couscous végétarien, ça te va, j'espère ? Je suis partie d'une recette de la mère de Samir mais comme en ce moment on essaie de réduire au maximum notre consommation de viande, j'ai un peu arrangé le tout.

– C'est super, maman. »

Elle passa la tête par la porte.

« D'ailleurs, dis-moi… Tu n'aurais pas un peu grossi ? »

Je regardai mon jogging, j'en avais mis un noir en espérant m'éviter ce genre de remarques maternelles.

« Bah non. Enfin, je ne me pèse pas tous les matins, tu sais… Surtout, j'ai décidé de porter des vêtements confortables. Je n'ai plus envie de me faire chier. »

Ça y était, elle m'agaçait. Elle était adorable et exaspérante. Elle m'agaçait tellement que j'avais envie de parler comme un putain de charretier juste pour l'emmerder.

« Ah oui… Ça a l'air… confortable en effet. »

Elle apporta le couscous à table et on s'installa. Je remarquai qu'elle avait mis une nappe en tissu. Blanche. Nous, on avait une toile cirée parce que c'était plus pratique pour passer un coup d'éponge. Bref, j'aspirerais au beau quand je serais à la retraite.

« Tu as été voir la Mouche récemment ?

– Pas cette semaine, j'ai été assez occupée avec l'organisation des funérailles de mon père. »

Son couscous était hyper-bon. Je décidai d'en enfourner des pelletées avant de me lancer dans les grandes révélations parce que je sentais qu'ensuite il serait moins bien vu que j'engloutisse mon dîner avec appétit.

« Tu as prévu quoi ?

– Quelque chose d'assez simple. La dépouille est déjà arrivée à Gabarny. Il n'avait laissé aucune directive et je ne sais pas ce qu'il aurait voulu. Donc j'ai opté pour une crémation. On se réunira dans le salon des pompes funèbres. Je suis encore en train de choisir la musique. Sans doute *Le Chant des partisans*, c'était l'hymne de la Résistance. Et puis, on ira déposer l'urne dans le caveau familial. »

J'avais fini de récurer mon assiette.

« Et la Mouche est en courant que tu comptes le mettre avec sa famille ?

– Pas encore. »

Je m'essuyai la bouche et attrapai le verre d'eau.

« Je dois te dire un truc, maman. J'ai découvert des choses à Lille. »

Je commençai par lui raconter le peu que j'avais pu déduire de la vie de Raymond. J'avais apporté des photos et quelques affaires à lui. Elle paraissait concentrée et très émue. Elle regarda de loin le sac de vêtements, sans l'ouvrir.

« Je peux le garder chez moi pour l'instant, si tu préfères. »

Elle hocha la tête. Elle observa les photos de son père en vacances pendant un long moment. Je ne savais pas du tout ce qui se passait dans sa tête. Devais-je lui parler de la lettre de la Mouche maintenant ou attendre encore ? Elle ramassa toutes les photos qui étaient étalées sur la nappe, forma un tas, le redressa et le fit tomber sur la tranche plusieurs fois pour qu'aucune ne dépasse. Ça me rappelait ses gestes quand j'étais petite et qu'elle organisait des parties de poker à la maison avec ses amis. C'était comme un signal. Je devais lui dire la vérité.

« Heu… maman, il y a autre chose. Et ça risque d'être un gros choc. »

J'ai vu Samir se rapprocher d'elle, l'air inquiet.

« J'ai trouvé une lettre de la Mouche dans les affaires de Raymond. Une lettre qu'elle lui a envoyée en 1959. Pour lui dire de ne plus venir devant l'école essayer de te voir. »

Le silence a suivi. J'ai posé la lettre sur la table.

Ma mère restait de marbre. Peut-être un marbre fendillé. Pâle et immobile. Je ne savais pas comment interpréter sa tétanie. J'avais décidé de ne pas aborder le volet violences sexuelles, l'impératif catégorique de la vérité ayant ses limites. J'avais prévu de me cantonner à la description d'une jeune Mouche privée de toute liberté.

« J'en ai parlé à la Mouche. Elle ne nie pas. Elle dit qu'elle était très malheureuse avec lui, qu'elle voulait divorcer mais qu'il refusait. Et que finalement, elle a trouvé un moyen de lui faire du chantage pour qu'il disparaisse. »

Ma mère a tourné la tête vers moi.

« Pardon ? Tu as fait quoi ? »

Le souffle de la culpabilité est passé sur ma nuque.

« Je suis allée voir la Mouche...

– Tu as été voir ma mère sans m'en parler avant ? »

Sa voix ressemblait au vent qui balaye la Sibérie en hiver. Je me suis immédiatement sentie comme la dernière des merdes.

« Mais de quel droit tu t'es permis de faire ça ?! »

Je n'étais même plus dans le classement des merdes, j'étais hors catégorie. J'ai tenté de me justifier :

«Je ne voulais pas te balancer ça comme ça, il fallait que je vérifie avant. C'était pour toi, pour te protéger.

– Me protéger? Et la Mouche? Tu as pensé à la protéger? À son âge? Tu te rends compte que tu aurais pu la tuer?

– T'inquiète pas, c'est à peine si elle a levé un sourcil. Je suis même pas sûre que ça a fait un trait sur son électroencéphalogramme.

– Ne parle pas d'elle comme ça! C'est ma mère!»

J'étais estomaquée par le retournement de situation. J'étais en passe de devenir la méchante de l'affaire. Ma mère a repris mon procès:

«Comment tu as pu faire ça! C'est totalement irresponsable et irrespectueux de ta part! De quoi tu es venue te mêler!

– Mais enfin! Elle nous ment depuis... toute notre vie! Elle t'a privée de ton père! Et moi je suis un peu dure parce que je lui demande des explications?»

J'avais un sanglot dans la gorge qui faisait dérailler ma voix. On aurait dit que j'avais quatorze ans. Ma mère s'est très légèrement adoucie.

« Il s'agit de mon père, de ma mère, de mon enfance. Tu aurais dû m'en parler avant. C'est mon histoire avant d'être la tienne.

– Ah bah, c'est marrant, parce que c'est aussi ce qu'elle dit. Que c'est son histoire avant d'être la nôtre. »

Je ne voyais qu'une explication à la réaction de ma mère. L'information principale de la discussion n'avait pas encore eu le temps d'infuser dans ses réseaux neuronaux. C'était comme si j'avais lancé un avion en papier, ou plutôt un obus, et qu'il était retombé sans atteindre sa cible. Et maintenant, l'avion de la vérité gisait là, au sol, et elle ne semblait même pas s'apercevoir de sa présence.

« Que ton père ait voulu te revoir et que la Mouche l'ait menacé, c'est pas un sujet, c'est ça ?

– Il y a forcément une explication. Tu ne peux pas tirer des conclusions comme ça, juste à partir d'une lettre. »

Damien avait raison. Elle était en colère contre moi. Je me suis resservie de l'eau, un peu rageuse.

« Eh bien, oui, il y avait une raison. Visiblement, la Mouche avait été impressionnée par ce jeune résistant, ils se sont mariés et il l'a déçue. Elle le trouvait nul. Et… Enfin, il n'était pas un bon mari. »

Je regardai ma mère pour voir si elle avait compris mais elle avait une expression neutre. PH zéro.

« Et donc, elle a voulu divorcer et il a refusé. Alors elle a attendu la bonne occasion. Et elle s'est rappelé qu'il avait gardé de l'argent illégalement. Elle a menacé de le dénoncer à la police s'il ne disparaissait pas. C'est pour ça qu'il est parti. Il ne voulait pas t'abandonner. Elle l'a forcé.

– Donc tu veux dire que mon père ne m'a pas abandonnée mais que ce n'était pas quelqu'un de bien, et ma mère non plus ? »

J'étais un peu déstabilisée par ce résumé.

« La Mouche a fait ce qu'elle pensait le mieux. Mais oui, c'est un peu… compliqué tout ça. »

Ma mère a soufflé comme si elle devait faire un énorme effort pour rester calme.

« Chloé… Je sais que tu n'as pas voulu mal agir mais je n'apprécie pas du tout ta manière de faire. Et sache que je préfère parler à ma mère directement sans que tu joues l'intermédiaire. Je ne sais pas de quelle mission tu t'es crue investie. Tu n'as pas à te mêler de ma vie de cette façon.

– OK. Je te signale que tu m'as envoyée à Lille vider l'appart seule parce que tu n'étais pas en état. J'ai été obligée d'y passer trois jours avec trois gamins. J'ai dû m'excuser auprès de mon patron. Juste en passant, c'est clairement pas Lou qui aurait fait ça pour toi. C'est toi qui m'as dit que tu n'étais pas en état. Alors excuse-moi d'avoir cru qu'il fallait te laisser un peu tranquille. »

Samir, qui n'avait rien dit jusque-là, a esquissé une tentative d'apaisement.

« Je crois qu'il faut un peu de temps à tout le monde pour encaisser. Ce sont beaucoup de nouvelles importantes. »

J'avais posé ma fourchette sur la nappe et je jouais à appuyer sur les dents pour soulever doucement le manche.

« Arrête de faire ça. » Le ton de ma mère était mi-sec, mi-plaintif.

« Désolée. »

J'avais un autre sujet à aborder, mais là je ne voyais pas comment l'amener et le déposer délicatement dans la conversation. Hey, maman, passionnants tes traumas familiaux mais ce qui m'intéresse vraiment, c'est le fric, tu saurais ce que ça veut dire « or = boé » ?

Ou une approche plus psychologique. Écoute, maman, je pense que pour guérir tes blessures, il faudrait trouver quelque chose qui appartenait à Raymond et qui te reviendrait, une chose qui aurait également été à l'origine de sa disparition, par exemple un gros tas d'or.

De toute évidence, il valait mieux laisser tomber pour le moment. Nous avons toutes les deux décidé de passer à un sujet plus tempéré. Elle voulait savoir si Raoul avait fait des progrès en graphie. Elle s'inquiétait pour son écriture. Elle pensait que je devrais lui fabriquer un bac pour tracer des lettres dans le sable.

Quand je suis partie, il y avait entre nous un mélange de fatigue, de tristesse et d'incompréhension assez désagréable.

Dehors, il faisait froid, je fermai le blouson en cuir de Greg. Je me sentais infiniment bien dans cette tenue. Les poches étaient immenses, je pouvais y mettre mes mains en entier – chose totalement impossible dans les fringues que je m'étais achetées jusqu'à présent. Je sortais désormais sans sac à main. J'avais juste besoin de mon téléphone, mes clés, ma CB et ma carte de transport, et tout cela tenait dans les poches. Son blouson avait même une poche intérieure zippée !

J'ai attendu le tramway et en regardant mes mails, j'ai vu un intitulé étrange : « Crève salope. » Avouez que c'était intrigant.

J'ai cliqué, convaincue qu'il s'agissait d'un spam – mais qu'est-ce qu'on pouvait bien vendre avec ce titre ? Le message disait :

« Espèce de salope féministe, je sais où tu habites. Tu détestes les hommes, et les hommes te détestent. On va te violer par tous les trous et te torturer avant de te tuer. »

J'ai levé la tête. Comme si l'individu qui m'avait envoyé ça était justement à l'arrêt de tram en train de me regarder. Tout était calme.

L'adresse d'expédition était *larevanchedeshommes* associée au nom de domaine classique d'un fournisseur. Ce message était tellement outrancier que je doutais qu'il me soit vraiment destiné. Je me sentais féministe, certes, mais je n'étais pas une militante qui s'affichait sur les réseaux sociaux. Je n'avais aucune prise de position publique qui aurait pu me valoir ce genre de menace. De manière plus générale, je n'avais jamais rien fait dans ma vie qui méritait autant d'attention et de haine.

Peut-être était-ce malgré tout un spam ? En même temps, quel genre de spam ? Des masculinistes hargneux enverraient des spams à toutes les adresses mail en espérant tomber sur des femmes pour les traumatiser ?

En rentrant, j'ai trouvé Greg dans le canapé avec Lapouta en train de regarder un film de sous-marin. Je sais que ce n'est pas du tout notre sujet, mais qu'est-il arrivé au septième art pour que les films de sous-marins deviennent un genre à part entière?

Ils semblaient à l'aise tous les deux, ils se lançaient des blagues et, d'après les emballages sur la table basse, ils avaient fait une orgie de tablettes de chocolat noir. J'ai attendu que Lapouta soit redescendu chez lui avant de montrer le mail à Greg. Il a eu l'air inquiet.

«C'est flippant quand même.

– Je dirais plutôt que c'est absurde. Qui pourrait me menacer comme ça?

– Des tarés, il y en a partout. Je t'assure que rien qu'au café, j'en vois défiler.

– Je ne suis pas certaine que ce message soit vraiment pour moi. Il n'y a aucune indication. »

Je me suis rapprochée de lui pour me lover dans ses bras. Il m'a embrassé le haut du crâne. J'étais épuisée. Mais pour une fois, j'avais de bonnes raisons de l'être. Il y avait l'école, Lapouta, la Mouche, le conflit avec ma mère et des menaces de mort.

« Il faut quand même qu'on aille porter plainte, a insisté Greg.

– T'es sérieux ?

– Oui. On va voir ce que diront les flics, ils ont l'habitude. Mais on ne peut pas ignorer ce mail. En plus… » Il avait l'air d'hésiter. « Juste en face du bar, il y a un nouveau tag. Du CUH.

– Ah oui ! Il y en a plein dans Gabarny ! Ils se multiplient plus vite que la peste.

– Je les trouve menaçants. Ça donne l'impression que les mecs sont en train de préparer leur vengeance.

– Oui, mais c'est un truc classique. C'est le *backlash*, le retour de bâton. Les masculinistes qui réagissent.

– Justement, les masculinistes, ils disent de la merde mais il faut les prendre au sérieux. En plus, ils sont liés à l'extrême droite. Ces types sont une vraie menace.

– C'est gentil de t'inquiéter mais je crois qu'il ne faut pas se laisser impressionner, et puis moi, je n'ai rien à voir là-dedans.

– Quand même, j'aimerais bien que tu ailles au commissariat, si tu veux je t'accompagnerai. »

Évidemment, on n'est pas allés au commissariat. Il faut dire qu'il est à au moins cinq arrêts de tramway. Et puis, j'ai eu la tête prise par autre chose. L'enterrement de Raymond avait lieu le vendredi suivant. On avait rendez-vous au crématorium, un des endroits de Gabarny que je connais le moins bien. Je n'y étais allée qu'une fois, pour l'enterrement du père de Greg, trois ans avant. Mais a priori, les lois de la biologie m'amèneraient à le fréquenter de plus en plus souvent.

On avait cru le printemps installé et, finalement, le temps avait rétropédalé en automne. Il pleuvait par intermittence depuis quatre jours, ce qui améliorait les réserves des nappes phréatiques mais pesait malgré tout sur le moral. La veille, j'avais passé la journée allongée dans le noir, terrassée par une migraine. Grâce à tous les comprimés que j'avais avalés, j'étais dans un état cotonneux pas désagréable.

J'ai anticipé que le port d'un jogging noir me vaudrait une remarque maternelle cinglante, j'ai capitulé et déniché une robe noire qui traînait au fond du placard.

Greg avait pris un jour de congé. Éva avait classe, les enfants également et on n'avait pas jugé nécessaire de leur faire rater une journée d'école pour assister à la crémation d'un inconnu. Lapouta avait bien essayé de la jouer « tout de même, j'aimerais être là pour toi, Cloclo, c'est un moment difficile », mais j'avais clos le sujet.

Ma mère m'avait appelée pour me donner tous les détails de la cérémonie. Je lui avais demandé si la Mouche y assisterait, elle m'avait répondu d'un ton un peu froid « évidemment ». Je ne savais pas si elles s'étaient expliquées. C'était comme si mes grandes révélations n'aboutissaient à rien. Mais j'avais bien compris que ce n'était pas mon affaire.

La bonne nouvelle, c'est que Lou serait là. Était là. Elle était arrivée la veille, ma migraine m'avait empêchée de la voir. J'étais surexcitée à l'idée de la retrouver. Greg essayait de tempérer mon enthousiasme. « Tu sais qu'au bout d'une heure, tu vas me dire qu'elle t'énerve ? » Certes, mais cette heure serait délicieuse. Cette heure serait un soleil dans la grisaille de ma vie.

Elle est la première personne que j'ai vue devant le crématorium, en combinaison-pantalon noire, le crâne rasé. Je me suis jetée dans ses bras, on s'est serrées très fort et c'est en sentant combien son contact me faisait du bien, quel sentiment de familiarité j'éprouvais contre elle, comment je renouais avec une partie de ma vie (qui doit s'appeler l'enfance, j'imagine) que j'ai compris qu'elle me manquait énormément.

« Alors, ma grande sœur, t'as l'air chamboulée. »

En la regardant, en entendant le son de sa voix, j'ai eu les larmes aux yeux. J'étais moi-même étonnée par cet excès de sentimentalisme.

« T'es en plein syndrome prémenstruel ? »

J'ai réfléchi, et effectivement. Ce qui expliquait aussi ma migraine.

Je me suis accrochée au bras de Lou. Greg lui a fait la bise, et à ce moment-là Damien est sorti du crématorium. « Ah bah vous êtes là ! » et il est venu prendre l'autre bras de Lou. Je crois que sa petite sœur lui manquait beaucoup, à lui aussi.

« Mais qu'est-ce qui vous arrive ? C'est devenir vieux qui vous fait chialer comme ça ? C'est quand même pas papi, parce que franchement on s'en fout un peu, non ?

– Maman t'a raconté l'histoire ?

– Elle m'a pas donné de détails. Et j'avais pas du tout envie d'en réclamer.

– Tu restes combien de temps ? a demandé Greg.

– Je repars demain. »

Ça me crevait le cœur.

« On va à peine se voir.

– Oui, mais je ne supporte pas d'être ici. Gabarny, ça me fout le moral en l'air. »

On est entrés dans le bâtiment. Ma mère, Samir et des amis à eux qui avaient des têtes à s'appeler Jacques et à faire des randonnées en parka rouge étaient là, à attendre vaguement.

« Ah, voilà les enfants ! » s'est exclamée notre mère. Elle s'est approchée et nous a chuchoté : « La cérémonie a lieu dans cette salle. »

On y est allés. J'avais les jambes de plus en plus molles. J'ai fini par lâcher Lou pour m'agripper à

Greg. On est entrés dans une pièce toute blanche – exactement ce qu'il ne faut pas en cas de migraine. Il y avait des chaises tournées vers un mur sur lequel était fixé un écran de télé. Au premier rang, j'ai reconnu la silhouette fragile de la Mouche. Derrière elle, trois de mes ex-beaux-pères étaient en train de taper la discut, dont Michel, le père de Damien et Lou.

Ma mère m'a attrapée par le bras.

« Le cercueil est par là, si tu veux te recueillir. »

Elle me montrait une porte ouverte, qui donnait sur une autre pièce dans laquelle j'ai aperçu le cercueil entouré de gerbes de fleurs.

« Heu, ouais, OK… »

J'exerçais une pression sur le bras de Greg. Il m'a demandé :

« Tu veux qu'on y aille ? »

Il avait parlé le plus bas possible, mais ma mère l'avait tout de même entendu.

« Oui, vous y allez. »

J'ai jeté un œil pour retrouver Lou ; elle était allée voir la Mouche. Je suis entrée en premier. C'était juste un cercueil mais il m'avait l'air un peu menaçant. Et puis, imaginer que le corps déjà décomposé de mon grand-père était dedans… J'ai essayé de me concentrer plutôt sur les fleurs. Il y avait un gros bouquet offert par les compagnons de la Libération. J'avais de nouveau mal à la tête, je transpirais.

« C'est glauque, non ? j'ai dit à Greg.

– Bah, c'est un crématorium, c'est pas très joyeux.

– Pourquoi je suis obligée de me recueillir devant le cercueil et pas Lou ? »

Il a souri.

« Ah, ça y est, ça commence…

– Non, pas du tout. C'est pas elle. C'est maman. Et je sais pas quoi faire. »

À ce moment-là, un des Jacques est entré, nous a fait un discret signe de tête, puis il est passé de l'autre côté du cercueil. Il a posé la main sur le cercueil, il a fermé les yeux deux secondes avec un air grave et il est reparti.

« Fais comme lui, m'a dit Greg. Tu poses ta main et tu fermes les yeux.

– Il avait l'air hyper à l'aise !

– Il est à un âge où il doit commencer à maîtriser le truc. »

J'ai touché le cercueil, j'ai fermé les yeux et j'ai été traversée par une envie de vomir.

« J'ai la gerbe. »

On est ressortis. J'hésitais à aller saluer la Mouche. Je ne savais même plus si on était fâchées. J'ai décidé de m'approcher tout de même pour l'embrasser. C'était étrange, ça faisait des années que je ne l'avais pas vue ailleurs qu'à la maison de retraite. Elle portait son pull noir, un pantalon noir et un immense châle dans lequel elle s'était enveloppée. On ne voyait plus ses bras. Ça lui donnait l'allure d'un insecte, une sorte de larve à la peau translucide qui serait emprisonnée dans son cocon.

Elle a eu l'air heureuse de me voir, j'ai deviné l'agitation d'une main sous le châle qui remuait, puis elle a aperçu Greg et elle a commenté « Ah, vous êtes là aussi... ». Il est parti s'asseoir ailleurs. Je me suis installée à côté d'elle. Je ne savais pas très bien quoi lui dire. Finalement, je lui ai demandé :

« Ça va aller pour la cérémonie ? »

Elle a hoché la tête en souriant.

« Oui. C'est dans l'ordre des choses. Tout est bien. »

Je ne voyais pas comment interpréter cette phrase, mais elle avait plutôt l'air de se réjouir d'assister à la crémation du père de ses enfants. Peut-être qu'elle était soulagée que son mensonge devienne une vérité.

« Tonton n'est pas là ? »

Elle s'est un peu renfermée.

« On n'a pas réussi à le joindre, il doit être en voyage. »

Une jolie formule pour dire qu'il était en cavale imaginaire depuis quarante ans.

Ma mère est venue nous indiquer nos places. Elle s'est assise à côté de la Mouche. Il y a eu un ballet maladroit parce qu'elle aurait voulu que Lou se mette de l'autre côté de la Mouche, et moi à côté de Lou, mais ni la Mouche ni Lou ne souhaitaient se retrouver côte à côte. Finalement, j'ai fait tampon en restant entre les deux.

Une famille de femmes. Les hommes, les compagnons, ex et demi-frères, étaient assis derrière.

Un employé des pompes funèbres est venu nous demander si tout le monde s'était recueilli et, si c'était le cas, ils allaient procéder au début du processus. On a attendu. Ils avaient fermé la porte de la petite pièce, on entendait des bruits. Ils devaient être en train de bouger le cercueil. L'employé était toujours là, debout face à nous, la tête baissée, les mains jointes devant lui. Il a repris la parole :

« Le processus de crémation va débuter. Si la famille le souhaite, elle peut venir faire un dernier adieu au défunt en se positionnant à gauche du mur. »

L'écran de télé s'est allumé. Un plan sur une fleur en train d'éclore s'est affiché. Puis l'eau d'une rivière qui s'écoule. La musique qui avait été lancée n'allait pas du tout avec les images. Je reconnaissais la playlist de ma mère, avec du Leonard Cohen.

Ma mère s'est levée, et elle m'a fait un signe pour que je la suive. On est allées vers le coin où il y avait la trappe. J'ai mis quelques secondes à comprendre ce qu'on faisait là. La trappe était en réalité une lucarne par laquelle nous pouvions voir des flammes. J'imagine qu'on pouvait aussi distinguer le cercueil en train de brûler mais comme je n'étais pas préparée, j'ai eu un mouvement de recul.

Je me suis tournée vers ma mère. Elle était en larmes. Je l'ai prise dans mes bras. Lou s'est levée pour venir nous rejoindre. On a serré notre mère comme on a pu. Je me sentais assez étrangère à

Raymond, et en même temps, j'avais l'impression d'être la personne qui le connaissait le mieux ici. Comme si j'étais dépositaire de quelque chose.

Je me voyais me tourner pour déclarer : « Chère assemblée ici réunie, je me permets de prendre la parole pour vous dire qui était Raymond. Cet homme discret et peu coutumier du concept de consentement. Raymond… pause solennelle… Raymond, et je tiens à le souligner tant cela en dit long sur lui, Raymond n'avait pas de photos pédocriminelles à son domicile. Ni aucune autre chose gênante. Ce sera tout. Merci pour lui. »

La crémation devait durer deux heures ; ma mère a voulu sortir. Lou et moi l'avons accompagnée dehors. On s'est retrouvées assises sur un banc en béton devant le bâtiment, face à une vaste pelouse humide. L'odeur de l'herbe mouillée m'a sortie de ma léthargie médicamenteuse. Une dizaine de moineaux se sont posés à terre et ont sautillé avant de repartir d'un même mouvement.

Ma mère a dit :

« On attend la fin de la crémation, ensuite on récupère l'urne et on va aller la déposer au columbarium.

– À la volière ? » a demandé Lou.

Ma mère a souri.

« Non, c'est l'endroit qui accueille les urnes au cimetière. Comme un petit rangement. Ce n'est pas terrible mais la Mouche ne voulait pas qu'il soit dans le caveau familial. » Elle s'est tournée vers moi pour ajouter : « Tu avais raison.

– Vous avez discuté ?

– Un peu. Mais je n'ai pas envie de remuer tout ça. Je ne me sens pas en état. On en parlera plus tard. Après. »

Je regardais les arbres au loin. On racontait que des renards vivaient dans le cimetière, je me demandais où ils étaient.

Ma mère a repris :

« Il a fallu trouver une solution pour mon père, d'où le columbarium. Mais ça nous aura coûté un bras. On a dû souscrire un crédit.

– Ah bon ? Ça coûte si cher ?

– Normalement, c'est environ 4 000 euros les funérailles mais le rapatriement du corps a gonflé l'addition. On est autour de 6 000 euros.

– Il avait pas des économies ?

– Pas spécialement. Il y a beaucoup d'argent sur son compte courant parce qu'il a continué à toucher sa retraite après son décès alors… bon, ça s'est accumulé mais il va falloir le rendre. Et on doit attendre la finalisation de la vente de l'appartement. L'argent, c'est une mauvaise nouvelle qui s'est ajoutée aux autres. C'est pour ça que je voulais vous dire que j'ai pris mes dispositions. »

On s'est regardées avec Lou.

« C'est important que je vous en parle, les filles. J'ai tout prévu. J'ai gardé de quoi payer mes frais funéraires et que ça ne vous retombe pas dessus. Je voulais être incinérée mais je crois que j'ai changé d'avis. Vous me mettrez dans le caveau familial et ce sera tout bon. Malheureusement, je ne pourrai pas être avec Samir, il veut être dans le carré musulman.

– OK, maman, a tranché Lou. On peut parler d'autre chose maintenant ? »

Ma mère a fait un geste de la main en direction du crématorium.

« Je trouve que ce n'est pas le pire endroit pour parler de ça.

– Oui, mais là, on a compris. Et sinon, tu nous feras un mail récap, OK ? »

Si parfois j'ai le tact d'un obus dans une assiette de potage, Lou n'est pas mal non plus. À la différence qu'elle n'a jamais l'air de regretter sa dureté. Là, par exemple, elle semblait simplement impatiente de changer de sujet. Et justement, j'en avais un à aborder.

« Maman, en vidant l'appart de Raymond, j'ai trouvé un message. Ça va te paraître bizarre mais on aurait dit un message un peu secret. Tu n'en parles à personne, d'accord ? »

Elle a hoché la tête, sans vraiment comprendre.

« Est-ce que le mot "boé", ça te dit quelque chose ? »

Elle a froncé les sourcils et j'ai eu un espoir.

« Non, pas du tout.

– T'es certaine ? Même la ville de Boé ?

– Oui. »

On est restées à attendre, des gens nous ont rejointes, d'autres retournaient dans la salle. Seule la Mouche n'a pas bougé. Elle a attendu la fin de la crémation. Quand elle est sortie, elle souriait.

On s'est rendus au columbarium. Ensuite, il y avait un « pot » dans un café en face du cimetière parce qu'on est en France et que même un enterrement doit finir par une consommation abusive d'alcool. Greg était rentré s'occuper des enfants.

J'ai réussi à m'isoler avec Lou à l'extérieur du bar. Il commençait à faire nuit, un réverbère s'est allumé un peu plus haut dans la rue. Une pluie fine nous obligeait à rester sous l'auvent. On s'est assises sur des chaises en aluminium mouillées qui attendaient des clients depuis trop longtemps. On voyait les silhouettes des tombes et des monuments funéraires qui dépassaient du mur d'enceinte de l'autre côté de la rue.

Lou a lâché :

« Je déteste cet endroit.

– Moi, j'aime bien ce cimetière. Je le trouve agréable.

– Je parle pas du cimetière. Je déteste cet endroit, je déteste cette ville, je déteste ce pays.

– C'est une détestation à grande échelle, dis donc. »

Elle avait sorti sa rouleuse à cigarettes. Elle était en train de la bourrer de brins de tabac.

« Je ne comprends pas comment tu peux rester ici. Tout est tellement pesant. Étouffant.

– Je crois que tu confonds Gabarny et la famille… »

Elle glissa la feuille de papier et tourna la rouleuse avec ses pouces.

« Mais c'est pareil ! Les gens sont malheureux et ils restent là à être malheureux sans rien faire pour bouger ! »

Je me suis sentie visée.

« C'est marrant parce que c'est exactement ce que je ressentais il n'y a pas longtemps. Je me disais que j'étais malheureuse et que je ne bougeais pas.

– Alors barre-toi ! Viens à Barcelone !

– Barcelone, il y a trop de soleil. Ça me déprime. »

Elle alluma sa cigarette. Le bout s'embrasa d'un coup et des brins de tabac incandescents tombèrent qu'elle balaya d'un geste de la main.

« En plus, s'installer à Barcelone en plein réchauffement climatique, ça me paraît pas être la meilleure option.

– On grillera, mais on aura vécu.

– C'est une belle épitaphe. »

Elle souffla un nuage de fumée. On le regarda se disperser dans l'air devant nous.

« Et puis, je n'ai plus besoin de partir, je vais mieux.

– Greg a découvert ton clitoris ?

– Je suis sérieuse. Je crois que c'est en partie grâce à Lapouta.

– Le fils de ta voisine?

– Oui. Je sais pas comment l'expliquer, mais c'est comme si ça m'avait sortie de ma léthargie.

– Attends, viens, on fait une photo!»

Lou et son trouble de l'attention légendaire. Elle avait déjà son téléphone à la main en mode photo, elle l'a levé, j'ai penché ma tête vers elle et voilà. Nous avions un magnifique selfie d'enterrement.

«Tu vas pas poster ça, hein?

– Bah si! Elle est très bien.

– Ça te gêne pas? Un selfie souriant à un pot d'enterrement?»

Elle m'a dit: «C'est une bonne fin pour ma story.» Je n'ai pas compris et elle m'a montré sur son téléphone une succession de photos de la journée. Elle devant le funérarium, devant la porte avec le cercueil en arrière-plan, elle avait même photographié l'écran de télé avec l'éclosion de fleurs.

«Mais... Pourquoi?

– Pourquoi pas? C'est pas moins intéressant que ce que je poste d'habitude.

– C'est là où je me dis qu'il y a au moins trois générations entre nous.

– Mais non, c'est pas les générations, c'est géographique. C'est cette ville qui te fait vieillir en accéléré.

– Je sais pas… Regarde la Mouche, ça lui a plutôt réussi.

– Cette vieille salope… C'est la méchanceté qui la conserve. » Elle a enlevé un brin de tabac sur le bout de sa langue. « Maman m'a raconté tout ce truc où la vieille a fait croire à la mort de papi. C'est dingo.

– Et t'en penses quoi ?

– Rien. »

Ça, c'est l'avantage avec ma sœur. Sitôt un sujet a été abordé, sitôt il est clos.

« Ça mérite quand même un peu plus que "c'est dingo".

– Non. Ça ne me regarde pas. C'est pas mes histoires, je ne veux même pas y penser. Et tu devrais faire pareil.

– Je ne suis pas d'accord. Ça nous regarde. C'est notre histoire, ça a forcément des répercussions sur nous.

– Pas sur moi.

– Tu veux dire que toi, tu es un miracle. Tu peux te réinventer de zéro, sans passé.

– Sans le passé des autres, oui.

– Je ne suis pas d'accord. On est les héritières de cette histoire. Et si je veux transmettre le moins possible de cette merde à Raoul, je dois bien m'y confronter et la nettoyer. »

Elle s'était levée pour écraser sa cigarette dans un cendrier sur la table d'à côté avant de revenir s'asseoir.

« Je sais pas si tu nettoies la merde ou si tu te salis. De toute façon, t'as toujours aimé te faire des nœuds au cerveau. Même quand on faisait des jeux de société, fallait que tu fasses chier à relire les règles au lieu d'en inventer des nouvelles. »

J'allais répondre mais elle avait déjà la tête penchée sur son téléphone. J'aurais aimé qu'on poursuive cette discussion, pourtant je savais que c'était fini. Elle m'énervait et en même temps, elle me faisait du bien. Sa colère, sa manière de tout envoyer chier, de dire que rien n'était grave, ça m'était précieux et nécessaire.

J'ai regardé une croix qui se découpait sur le ciel d'un gris-bleu crépusculaire. J'ai sorti un chewing-gum qui traînait au fond de la poche de mon blouson. J'ai pensé que malgré tout le mal que je pouvais dire de Gabarny, j'aimais cette ville. Je m'y sentais chez moi. J'appartenais à cet endroit. Mes premières sensations, les plus profondément imprimées en moi, me venaient d'ici. Elles avaient été façonnées par la couleur des maisons, le rayonnement particulier du soleil, le taux d'humidité, le rythme des saisons. Et par ces bruits, la sirène des véhicules prioritaires, le chant des mésanges charbonnières et le roucoulement des tourterelles turques, le crissement des roues du tramway et son coup de cloche annonciateur. Tout ici m'était familier, mon corps reconnaissait son biotope.

Et de cette familiarité, je tirais un sentiment de sécurité – sans doute trompeur. Lou éprouvait exactement l'inverse. Parce que c'était familier, elle y flairait le danger. Elle ne se sentait épanouie et vivante qu'en milieu étranger.

Et si elle avait raison ? Est-ce qu'il y avait quelque chose de pourri au royaume de Gabarny ? Est-ce que les émanations industrielles avaient contaminé l'intérieur même des gens ?

Une corneille venait de se poser sur le haut de la croix. Elle allongea sa tête et croassa. Si j'avais été une femme grecque de l'Antiquité, j'y aurais sans doute vu un mauvais présage. « Iasos, regarde la corneille perchée sur cette tombe, j'ai l'impression que les dieux m'envoient un message, quel peut-il être ? » Mais comme je ne suis pas une Athénienne du IIe siècle avant notre ère, j'ai plutôt pris mon téléphone pour consulter mes messages. J'avais reçu un nouveau mail. L'expéditeur était encore *larevanchedeshommes*. L'intitulé était « Crève salope ». Et le contenu était tout simple. C'était mon adresse postale.

Cette fois, il était clair qu'il n'y avait pas d'erreur de destinataire. Quelqu'un me voulait du mal. Pourquoi ? J'étais beaucoup trop insignifiante pour déclencher une haine d'une telle intensité.

J'ai passé la nuit à chercher qui pouvait me menacer. J'ai épluché ma propre vie, établi la liste de toutes les personnes qui étaient susceptibles de me détester.

Vous devriez essayer, c'est une expérience très désagréable.

J'étais remontée jusqu'à ma première année de maternelle mais je n'avais rien trouvé de notable. Enfin… au collège, il y avait bien eu cette fille dont je me moquais un peu trop souvent. D'ailleurs, je devrais la recontacter pour m'excuser.

Des potes qui avaient essayé de m'embrasser ou de me toucher les seins, à qui j'avais mis un vent et qui ne m'avaient plus jamais donné de nouvelles. Une patronne dans un magasin de vêtements quand j'étais vendeuse.

Un ex que j'avais trompé. Un autre ex que j'avais trompé. Mais rien qui justifiait des messages aussi violents.

Le lendemain en me levant, j'étais troublée. En buvant mon café dans la cuisine, en prenant ma douche, en m'habillant, je sentais un œil maléfique posé sur moi, capable de voir à travers les murs de ma maison.

Quelqu'un était obsédé par moi et me haïssait. Ça me perturbait gravement. De ouf, comme aurait dit Lapouta. Je n'avais pas peur, la situation était trop absurde pour cela. En revanche, la sensation que quelqu'un était en train d'épier mes faits, mes gestes et mes riens du tout ne me quittait pas. Je n'étais plus seule, cette haine me suivait partout.

Greg penchait pour la piste du psychopathe. Le type que j'aurais croisé au supermarché et qui aurait développé une obsession pour moi et attendait maintenant de débarquer à la maison au douzième coup de minuit pour m'étrangler parce que Michael Jackson lui en avait donné l'ordre.

On était samedi et Greg travaillait, mais il a proposé de se faire remplacer pour m'accompagner au commissariat. Je lui ai dit que c'était inutile. D'abord, tout allait bien, en plus, Damien était disponible pour venir. Greg est donc parti au bar. J'ai appelé Lapouta, bien heureuse qu'il ait son petit téléphone bon marché, pour savoir s'il pouvait garder Raoul. Il est monté tout de suite. « Super babysittor est là. »

Raoul était euphorique de se retrouver seul avec lui. C'était l'affaire de deux heures maximum, j'ai envoyé un texto à la mère de Lapouta pour vérifier que ça ne la dérangeait pas, et savoir si elle était chez elle au cas où les enfants auraient besoin d'aide. Elle m'a confirmé qu'elle était là et que je pouvais compter sur elle. Elle monterait les voir. J'aurais pu lui demander de prendre Raoul, mais j'avais moyennement envie qu'il croise le sac à vin.

Lapouta a évidemment voulu savoir où j'allais. J'étais partagée. Devais-je être honnête avec lui ou le tenir à l'écart ? J'ai opté pour la franchise. Je lui ai dit que j'avais reçu un mail anonyme de menaces, que ça arrivait parfois et que j'allais le signaler à la police. Il a fait une drôle de tête. Il semblait contrarié.

« La police, ils ne feront rien.

– Ils prendront ma plainte et on verra s'ils peuvent identifier l'auteur du mail.

– Non. Ils feront rien. Ils font jamais rien pour aider les gens.

– Tu les as déjà appelés ?

– Ça sert à rien. »

Il s'est levé et il est parti jouer avec Raoul.

Quitte à aller voir les flics, j'allais en profiter pour leur poser quelques questions concernant les affaires de violences familiales.

Lapouta circulait désormais entre les deux appartements. Il ne venait pas uniquement quand son père se mettait à beugler. Je ne pensais pas qu'il levait la main sur lui ou sa mère, mais le simple fait qu'il leur hurle dessus pendant des heures était une violence dont ils étaient tous les deux victimes.

Damien est passé me chercher et on a pris le tramway. On était debout, les épaules contre la barre de maintien. Il était préoccupé mais il semblait prendre les choses sous l'angle d'une énigme à résoudre. Il répétait les éléments de façon méthodique. Le tramway a tourné un peu brusquement, on a dû se rattraper à la barre et on a vu, sur le mur devant la Poste, un nouveau tag du CUH.

Damien a tranché :

« Il y a forcément un lien avec ces inscriptions. Il ne peut pas y avoir deux trucs aussi misogynes qui apparaissent au même moment dans la même ville sans avoir de rapport. » Mais une fois qu'il avait dit ça, il n'aboutissait pas à grand-chose d'autre. « Tu as fait un truc qui a déplu au CUH.

– Genre exister ?

– T'as pas pris position pour quelqu'un ? »

Brusquement, je me suis demandé si…

« Le père.

– Ton père ?

– Mais non. Le père de Lapouta. Ça, c'est un mec qui peut avoir une raison de me détester.

– Pas faux. Il est au courant que tu t'occupes de son fils ?

– J'en sais rien. Il s'en doute peut-être. Il voit bien que son fils est exfiltré quand il fait ses crises. Il est quand même parti trois jours avec moi, ce ne serait pas impossible que sa mère ait dit que je l'avais emmené. »

Une femme d'une cinquantaine d'années avec un gros sac de commissions s'était glissée entre nous, profitant de l'espace sous le bras levé de Damien. Je le voyais qui essayait de prendre le moins de place possible. Il avait toujours l'air encombré de son grand corps maigre. Il a souri à la femme. Elle l'a ignoré. Il a repris :

« C'est une bonne piste. Tu le croises de temps en temps dans l'immeuble ?

– Pas du tout. Faut croire qu'on ne vit pas sur le même fuseau horaire. Mais ça expliquerait que cette menace mentionne mon adresse. C'est notre point commun. »

On est descendus à l'arrêt suivant. Le commissariat était dans un bâtiment des années 1960, un bloc de béton rectangulaire sur lequel l'humidité avait laissé des coulées gris foncé en dessous des fenêtres. Le panneau POLICE NATIONALE, avec son blanc, son bleu et son rouge, paraissait presque joyeux en comparaison. La dernière fois que j'étais venue, c'était seulement deux mois avant. J'avais du mal à y croire.

Au guichet du commissariat, j'ai découvert qu'ils avaient mis en place l'accueil confidentialité. Si vous veniez pour des violences familiales et/ou sexuelles, il suffisait de pointer le rond rouge, et vous étiez immédiatement reçue à part. Enfin, c'est ce que disait le tableau, je ne sais pas si ça fonctionnait puisque mon cas relevait plutôt du bouton bleu, autres infractions.

J'ai fait un résumé à une jeune femme en uniforme.

« Vous avez rempli une pré-plainte en ligne ? »

Bah non.

On est allés s'asseoir dans la salle d'attente, il y avait des rangées de sièges en plastique bleu et un distributeur de saloperies industrielles. Damien s'est pris un paquet de madeleines rassies. Il les mangeait en poursuivant son raisonnement.

« Donc si c'est le sac à vin, ça voudrait dire qu'il fait partie des abrutis du CUH ? Ça colle pas trop… Le CUH ça fait plutôt penser aux papas sur les grues, les pères divorcés. Ceux dont les femmes sont parties et qui ont la haine. »

Il me tendit une madeleine, je déclinai.

« Ou alors… Il ne fait pas partie du CUH mais il a vu les tags. Personne ne peut les rater. Et ça lui a donné cette idée.

– Possible.
– Tiens, dites donc, mademoiselle Berthoul ! »
Je tournai la tête. Devant nous, il y avait le commissaire qui avait pris ma déposition en début d'année. Il avait un grand sourire. Je me suis levée pour lui serrer la main.
« Qu'est-ce que vous faites ici ? Il y a eu du nouveau ?
– Ah non, pas du tout. Je viens porter plainte, je reçois des menaces de mort anonymes. »
Il a serré les lèvres.
« Étrange... Sous quelle forme ?
– Des mails. Regardez. »
Je lui ai montré mon téléphone.
« Vous pouvez vous en charger ?
– Non, c'est une collègue qui prendra votre plainte mais je vais jeter un œil au dossier ensuite.
– L'enquête sur Valérie et Stéphane est finie ?
– Oui. Ils sont tous les deux mis en examen pour escroquerie. Mais ça fait un paquet d'emmerdes pour un petit immeuble comme le vôtre.
– Peut-être qu'il est construit sur un ancien cimetière indien. Ou l'équivalent français. Un cimetière protestant dont les morts ont décidé de pourrir la vie des locataires du XXIe siècle. »

Il a rigolé. Il m'aimait bien, je le sentais. Il m'a accompagnée jusqu'à un box dans lequel j'ai pris place face à une policière en uniforme avec une queue-de-cheval, beaucoup de mascara et une carrure sportive. Je lui ai résumé les deux messages que j'avais reçus, et j'ai posé mon téléphone sur son bureau pour qu'elle puisse les lire. Elle y a jeté un œil avant de commencer à taper sur son ordinateur.

« Est-ce que vous souhaitez porter plainte ou déposer une main courante ?

– Porter plainte. »

Je l'avais dit sur un ton un peu trop péremptoire par peur qu'elle veuille m'en dissuader.

« Très bien. »

Elle a sorti un formulaire.

« Vous devez remplir ça. Comme vous ne connaissez pas l'identité de l'auteur, ce sera une plainte contre X.

– Mais vous pouvez retrouver qui est l'expéditeur, non ? »

Elle a récupéré mon formulaire.

« Possible. Ça dépend de la manière dont l'individu a créé son adresse mail. La plupart croient qu'ils sont à l'abri mais pas du tout. Ils créent n'importe quelle adresse sans même passer par un VPN. C'est assez rare de tomber sur un individu qui s'y connaît vraiment en anonymat. Là, par exemple... » Elle a pris mon téléphone qui était toujours sur son bureau. « Je vois que c'est une adresse Hotmail, donc a priori, un individu pas très malin. Avec cette adresse, on peut récupérer la géolocalisation et l'IP.

– Ah bon ?

– Oui. Regardez. »

Elle a tendu le bras pour me montrer l'écran du téléphone, le dernier mail de menace était affiché, elle a cliqué sur « afficher l'original » et des lignes de codes sont apparues.

« Ensuite, il faut quelques connaissances. Mais le principal problème, c'est que nos services sont débordés. Vous n'êtes malheureusement pas la seule à être menacée sur Internet. Ça ralentit beaucoup les délais d'enquête. » Elle a reposé le téléphone. « Dans votre cas, comme votre adresse postale est mentionnée, on va essayer d'accélérer le processus. C'est le genre de menaces que nous prenons au sérieux. »

J'étais doublement rassurée. D'abord, parce qu'elle avait pris ma plainte, ensuite parce que

« l'individu » était un crétin. J'ai tendance à penser qu'il faut être intelligent pour être réellement dangereux. Mais c'est absurde.

Elle a ajouté :

« N'hésitez pas à venir nous signaler toute nouvelle menace. »

Ça avait été à la fois rapide et déstabilisant. Je suis restée assise et elle m'a regardée d'un air interrogatif.

« En fait, je voulais vous poser une question sur un autre sujet. Mais c'est peut-être lié. Je pense que mon voisin maltraite sa compagne et son fils.

– Je vois.

– Qu'est-ce que je peux faire ?

– Il faudrait qu'elle vienne porter plainte. Tant qu'elle ne porte pas plainte, on a peu de moyens d'action. Ou alors que l'enfant témoigne de violences. C'est le cas ?

– Pas vraiment. Il évite le sujet. »

Elle a réfléchi en faisant tourner son stylo-bille entre ses doigts. Elle parvenait à faire des rotations tellement rapides qu'il semblait disparaître.

« Est-ce que vous avez assisté à des scènes de violence ?

– Pas visuellement. Mais je l'entends hurler.

– Et elle ? Vous l'entendez crier ?

– Non.

– Est-ce qu'elle appelle à l'aide ?

– Non plus.

– Bon. Ce qui est possible, la prochaine fois que vous l'entendez, vous nous appelez. On interviendra.

– Oui, mais bon, la police va venir, il va arrêter de crier. Ils vont repartir, il va recommencer, non ?

– Ça a tout de même un effet dissuasif. Parfois, c'est le genre d'événement qui peut permettre d'enclencher une prise de conscience. Mais si elle ne porte pas plainte et si on ne constate rien, on ne peut pas faire beaucoup plus. À moins que l'enfant se décide à parler. Vous savez si son établissement scolaire est au courant ?

– Non.

– Peut-être que vous pouvez commencer par là.

– Et heu… comme je m'occupe un peu de cet enfant en ce moment, je me demande si ça ne serait pas lui, enfin, le père, qui me menace.

– Ah. Envisageable. »

Elle a posé le stylo et s'est retournée vers l'ordinateur. Elle a tapé quelques mots.

« Il vous a déjà menacée ?

– Non. Je ne le croise jamais. Mais ça ne lui plaît sans doute pas que je m'immisce dans ses affaires.

– En effet. Nous allons enquêter. Un conseil, n'intervenez pas directement. Et n'entrez pas en conflit avec lui. Ces individus peuvent être dangereux. »

C'était moins rassurant.

Ensuite, on a pris un café avec Damien. Il faisait assez chaud pour se poser en terrasse. On a trouvé une table libre sur la place, devant la mairie. Le serveur nous a apporté un café et un chocolat chaud. Je pensais que je méritais une récompense. Je me suis enfoncée dans le siège, les mains calées au fond des poches de mon jogging. Damien continuait à dérouler le même fil. Le CUH, le voisin, les mails. Il avala son café d'une traite avant de me parler des articles qu'il avait lus sur les masculinistes. Il avait dû y passer la nuit.

« Le CUH ressemble aux groupes québécois qui se multiplient depuis des années. Leurs textes sont flippants, ils détestent les femmes. Il y a une véritable haine. J'ai l'impression que c'est nouveau ça… Avant, les gars tentaient de se défendre en disant qu'ils n'étaient pas sexistes, maintenant, ils assument complètement. »

Je savourais la mousse de mon chocolat et j'acquiesçais.

« C'est comme pour le racisme. Avant, les mecs se justifiaient en disant qu'ils avaient un meilleur ami noir, maintenant, ça ne leur pose plus aucun problème de déclarer qu'ils croient à l'existence des races. Et quand tu leur signales, ils font les effarouchés en expliquant qu'il faut respecter leurs opinions. Limite, c'est nous les fascistes parce qu'on veut les censurer. » Damien a eu un sourire triste. « Quand même... Qui aurait cru qu'on vivrait une époque pareille ? Tu te souviens au lycée ? On pensait qu'on ne connaîtrait jamais une guerre en Europe.

– Que la démocratie était éternelle.

– Que la consommation serait sans fin.

– Et que l'égalité femmes/hommes était déjà acquise. » J'ai soupiré avant d'ajouter : « Putain, on dirait qu'on a vécu au siècle dernier.

– C'était au siècle précédent.

– Ah oui... Je ne me ferai jamais à ce changement de siècle. »

On s'est tus avant que je relance :

« On était naïfs. C'est aussi pour ça que je suis obsédée par mon histoire de trésor.

– Pour sauver la démocratie ?

– Nope. Pas du tout. C'est bien plus égoïste. »

Damien venait d'ouvrir son sachet de sucre et en avait versé le contenu dans le fond de sa tasse vide. Depuis qu'on avait l'âge d'aller au café, je le voyais effectuer le même rituel. Il allait aplatir l'emballage papier puis le plier pour en faire un petit tortillon. Le pire, c'est qu'il m'avait contaminée. Je faisais la même chose. Il a fini de lisser le sachet et a relevé la tête.

« Et donc ? Le lien entre le trésor et l'état du monde ?

– Ah oui. Eh bien, vu l'état calamiteux du monde, j'ai besoin d'argent pour nous mettre à l'abri. Franchement, je n'ai jamais eu aussi peur qu'en ce moment. Avant, le futur, c'était un truc vaguement angoissant parce qu'on ne savait pas quoi faire comme boulot mais c'était aussi excitant. Maintenant, le futur me terrifie. Je ne me demande pas ce que Raoul fera comme métier. J'en suis au stade où je n'ai aucune idée de ce que pourront être ses conditions mêmes d'existence.

– Et qu'est-ce que l'argent y change?

– Eh bien, si j'ai assez d'argent, je peux acheter une maison à la campagne pour nous mettre à l'abri.

– Ah oui, toi, tu paries sur un vrai écroulement du système…

– J'en sais rien. Je n'y connais rien. Mais ça me rassurerait d'avoir une solution de repli. Et au pire, on a une maison de famille pour passer notre retraite.

– Il y a une chambre pour moi?

– Évidemment.

– Alors, c'est un bon plan.»

Il avait fini son tortillon et l'avait lâché sur la table avec la fierté du travail accompli.

«Et tu en es où de ta recherche du magot?»

J'ai soupiré.

«Bah… Pas très loin. On est bloqué par ce message, "or égale boé". J'ai demandé à ma mère mais ça ne lui inspire rien.

– Et la Mouche?

– Bof. Je t'avoue qu'après avoir appris qu'elle avait fait chanter son mari et mis en scène sa fausse mort pendant des dizaines d'années, je lui fais une confiance assez relative. Je préfère ne pas lui en parler pour l'instant. Si je ne trouve vraiment rien, je finirai par lui demander.

– Boé», a répété Damien.

Son cerveau venait d'abandonner l'enquête CUH/voisin/mails pour se brancher sur le circuit or/boé. C'est pratique d'être amie avec un microprocesseur.

«Tu te souviens des cours de phonétique historique à la fac?

– Attends, je vais me pendre et je reviens.»

Il fronça les sourcils.

«Ah, moi j'aimais bien.

– C'est la pire matière du monde.

– Si tu avais suivi les cours magistraux, tu te souviendrais que "boé", c'est une forme antérieure du mot "bois".»

Je restai scotchée. Je l'avais su et je l'avais totalement oublié. Il faut dire qu'à l'époque de la fac j'avais les cheveux teints en rouge, des sacs péruviens et je n'imaginais pas que l'étymologie du mot «bois» me servirait un jour à trouver un trésor. Damien tenait un truc. J'attendais la suite.

«Et?

– Bah c'est tout.

– Mais continue ! Tu veux dire qu'avant, bois se prononçait boé ? Mais quand ?

– Ah, ça, je me souviens plus. La diphtongue de coalescence qui devient diphtongue de segmentation, ça doit dater du XIIe siècle.

– Merde. Ça m'avance pas trop le XIIe siècle.

– Ce qu'il faut retenir c'est qu'on a dit boé à partir du XIIe siècle, et que c'est devenu bois, comme boa, vers le XVIIIe siècle.

– Donc je cherche un lieu médiéval ?

– Pas forcément parce que ça ne tient pas compte des patois. Le patois servait surtout pour parler de la vie quotidienne, de la vie du peuple... »

Son cerveau tournait. Mais il n'aboutit à rien. Je décidai de remettre du charbon dedans :

« OK. Je résume. Boé, c'était la manière de dire bois dans les milieux populaires.

– Chez certains, oui.

– Est-ce que ça pouvait être le cas dans les années 1950 ?

– Franchement, j'en sais rien. »

Un petit camion muni de brosses tournantes pour nettoyer les trottoirs passait à proximité, avec un bruit qui nous obligeait à attendre pour continuer la discussion. Je regardais les gens qui traversaient la place. On voyait des femmes avec des bébés. Des vieux. Des vieilles. Des Caddie. Niveau météo, tout le monde semblait perdu. Une fille passa en robe jambes nues, suivie par une femme en doudoune sans manches. C'était la cacophonie vestimentaire.

« Après... » Damien paraissait hésiter. « Il y a aussi des formes archaïques qui se préservent par fossilisation.

– Ça ne veut rien dire.

– Eh bien... On ne disait peut-être plus boé pour dire bois, comme dans "va me chercher du bois", en revanche, le mot pouvait encore exister par habitude pour parler d'un endroit.

– C'est pas clair mais ça m'intéresse, continue.

– J'en sais rien, ce sont des hypothèses. Boé, ça pourrait désigner une menuiserie par exemple.

– Mais où ?

– Ici. À Gabarny.

– Et pourquoi pas la forêt alors ?

– Parce que pendant le confinement, je m'ennuyais un peu alors j'ai fait une étude de phonétique historique sur le nom de la forêt justement.

– Tu pouvais pas faire une dépression comme tout le monde ?

– J'avais envie de quelque chose de nouveau. Toi, tu stalkes les gens avec qui on était au lycée, moi je fais de la phonétique historique. Chacun sa part d'obscurité.

– Et donc, la forêt ?

– La forêt de Gabarny a connu plusieurs dénominations populaires mais à ma connaissance jamais boé. Donc je pencherais plutôt pour une menuiserie. C'était important les menuiseries. Ou alors… le vendeur de bois de chauffage. Possible également.

– Les gens se chauffaient encore au bois à l'époque… C'est pas mal, ça. Ça me fait une belle piste. Il ne me reste plus qu'à stalker les vendeurs de bois gabarnais des années 1950. »

Après avoir passé la première moitié de ma soirée à tenter de rattraper mon retard de boulot qui commençait à prendre des proportions titanesques, j'ai fait des recherches sur les établissements de menuiserie des années 1950. Il y avait en effet une très grosse menuiserie dans le quartier du Molleton, où mes grands-parents tenaient leur quincaillerie. Mais elle avait été détruite dans les années 1970. Des articles de journaux et des reportages télé montraient que tout avait été rasé. Puis des engins de chantier avaient creusé le sol pour poser les fondations d'une barre d'immeubles. Si trésor il y avait eu, il aurait été retrouvé pendant ces travaux, ou alors il était perdu à tout jamais.

Cette piste étant refermée, je lançai des recherches sur le chauffage au bois. Sachez que dans les années 1950, on se chauffait encore beaucoup au charbon, et un peu au bois. L'automne, vous passiez votre commande pour l'hiver et on vous livrait à domicile. Ensuite, et c'est évidemment là que ça m'intéresse, on stockait le bois. Souvent dans les caves des immeubles. Et ça, c'est ce que j'appelais une excellente piste.

Raymond avait peut-être planqué l'or dans la cave de l'immeuble où il habitait avec la Mouche. Et il avait noté sur un petit Post-it que l'or était avec le boé, au cas où il oublierait. À moins que l'or soit dans la cave d'un autre immeuble.

Mais restons méthodique. Il fallait commencer par l'hypothèse la plus simple. Dans les papiers de

Raymond, j'avais trouvé une adresse à Gabarny, je voulais être certaine qu'il s'agissait de la bonne.

Le lendemain, j'ai appelé ma mère pour vérifier. Je ne savais pas trop comment lui parler de cette histoire. J'ai préféré lui en dire le moins possible.

« Maman, je voulais savoir, c'était quoi l'adresse où habitaient la Mouche et Raymond ?

– Oh… C'était le… Attends, ça va me revenir… Je vois la porte de la maison… C'était le 28 rue Paul-Bert. Pourquoi tu veux savoir ça ?

– Oh, rien, je fais des recherches généalogiques.

– Ça a un rapport avec ton histoire de bouée ?

– Un peu. Mais je suis pas sûre de moi, donc je préfère pas en parler pour le moment. Et toi non plus, n'en parle à personne. Même pas à Lou.

– Oui, promis, ma chérie.

– Et la quincaillerie qu'ils tenaient, elle était au même numéro ?

– Oui. La quincaillerie était au rez-de-chaussée, et on logeait juste au-dessus, au premier étage. Après le… la disparition de papa, un autre couple a repris la quincaillerie et ensuite on a déménagé. Je devais avoir… cinq ans.

– Et il y avait une cave avec ce logement ? »

C'était un peu gros comme question mais tant pis.

« Tu ne veux pas me dire ce que tu cherches ? Ce sera plus simple.

– Je préfère pas.

– Eh bien, oui, il y avait une cave, je crois. Je n'y allais jamais. Mais je me souviens qu'il y avait une porte en bois sous l'escalier. Ça me terrifiait. Une voisine m'avait raconté que c'était là qu'on enfermait les enfants qui ne finissaient pas leurs assiettes. Pfff… Je n'avais pas repensé à ça depuis des années… Je crois que j'étais convaincue qu'il y avait des enfants vivants abandonnés dans cette cave.

– Merci, maman ! »

J'avais enfin une piste sérieuse et une adresse. J'étais au niveau d'excitation d'un castor qui trouve un tronc d'arbre. Je n'avais aucune idée du cataclysme qui allait bientôt s'abattre sur moi.

Pour le lendemain, lundi, j'avais un plan parfait. Arriver tôt à La Clé des mots, travailler de façon efficace, ne pas grignoter de biscuits et informer Mehdi, mon patron, que je devais quitter le travail à 15 h 30 pour aller voir à 16 heures la directrice de l'école des enfants et lui parler de Lapouta.

Alors que j'hésitais à prendre ce rendez-vous, Éva m'avait décidée. Elle m'avait dit: « Tu n'es pas une professionnelle, tu n'es pas formée à comprendre ces situations. La directrice saura quoi faire. Et elle a peut-être des informations supplémentaires, si ça se trouve il y a déjà eu un signalement que tu ignores. Soit tu auras eu raison d'alerter, soit au pire, tu t'es trompée, mais ça, c'est le travail des professionnels de le déterminer. »

Après ce rendez-vous, je récupérerais les enfants et nous irions à l'immeuble du Molleton chercher mon or. C'était à quinze minutes en combinant tramway et marche ; ils râleraient mais je comptais les amadouer avec un goûter pantagruélique à la boulangerie. J'avais même pensé à prendre une gourde et un jeu de sept familles en cas d'ennui insupportable.

J'ai à peu près réussi à bosser. J'avais toute la communication interne d'une entreprise du BTP à rédiger.

À 16 heures, j'étais devant l'école, en tee-shirt, avec un gros sac en toile me sciant l'épaule. Le soleil brillait entre les feuilles du marronnier. En attendant que la porte s'ouvre, je me suis décalée d'un pas à gauche pour être pile dans un rayon de lumière. J'ai levé la tête comme si ma peau pouvait absorber la chaleur. J'ai pensé au mélanome et au fait que j'avais oublié de mettre de la crème solaire en plus de ma crème hydratante. J'ai fermé les yeux pour me concentrer sur mes sensations, être ancrée dans l'instant présent, faire le vide dans mon esprit mais des mots ont surgi dans ma conscience. Deux pour être exacte. Un substantif et un adjectif. « Radicaux libres». Aucune idée de ce que sont vraiment les radicaux libres, mais ils planaient en suspension dans l'air, comme une menace.

J'ai entendu qu'on m'appelait. J'ai rouvert les yeux, la gardienne de l'école me regardait en souriant. «Il fait beau n'est-ce pas? La directrice est dans son bureau, vous pouvez y aller.»

Je suis entrée dans le hall avec le même picotement chaud dans le ventre que quand j'étais enfant. On a quarante ans, on ne risque plus d'être convoquée ou condamnée à recopier le règlement intérieur et, pourtant, la peur d'être prise en faute, de ne pas être bien dans le rang s'est inscrite tellement profondément en nous qu'on en garde les stigmates. C'est une belle réussite du système scolaire français.

La porte du bureau de la directrice était ouverte. Une large fenêtre donnait sur la cour, vide à cette heure-là. Le soleil cognait pile sur les vitres et faisait monter la température de plusieurs degrés.

Mme Oliveira était en train de s'énerver sur son clavier d'ordinateur. Elle n'a pas relevé la tête pour me dire «entrez». Je me suis assise sur la chaise face à elle. Elle râlait en plissant les yeux «mais pourquoi ça ne marche jamais!». Elle a fini par pousser un soupir d'échec, et elle s'est tournée vers moi, en se composant un sourire fatigué.

« Excusez-moi, c'est le nouveau logiciel, ça ne fonctionne pas. Vous me direz, le précédent n'était pas mieux… Bon, alors, comment va Raoul ?

– Très bien.

– Son adaptation en CP se déroule bien ?

– Tout à fait.

– Et Colette ?

– Ça va aussi. En réalité, je voulais vous voir au sujet d'un autre élève. Un élève de CM2 qui habite dans le même immeuble que moi.

– Ah oui. Son nom ?

– Conti.

– Ah ! Lui ! »

Elle s'est écartée du bureau pour se caler contre le dos de son fauteuil ergonomique.

« Qu'est-ce qu'il a encore fait ? Vous n'imaginez pas l'enfer que c'est, ce gamin !

– Ah bon ? Moi, je le trouve plutôt… vif. Intelligent.

– Vif, ça oui. Tellement vif qu'il perturbe toute la classe. Et toujours en train de répondre aux adultes…

– Oui, bon, il peut être taquin parfois…

– Depuis qu'il est ici, on n'a que des soucis avec lui. Sa première semaine de CP, il avait déclenché l'alarme incendie des toilettes.

– Comment vous avez su que c'était lui ?

– Il y a un système de sécurité. Il s'est retrouvé enfermé dans les toilettes… » Elle eut un soupir amusé. « Alors, il a fait quoi cette fois ?

– Rien. Je n'ai aucun problème avec lui. Au contraire. Je suis plutôt inquiète. Je pense qu'il est victime, au moins de façon indirecte, de violences familiales.

– Ah. » La directrice a enlevé ses lunettes et s'est massé le nez avec deux doigts. « Vous basez cette hypothèse sur quoi ?

– Je sais que son père boit et je l'entends crier le soir. Il arrive souvent que j'héberge l'enfant pour le sortir de là.

– Vous avez pensé à en parler à la police ?

– Justement, c'est la police qui m'a dit de m'adresser à vous.

– Ah. »

Il y a eu un silence. Elle a fini par remettre ses lunettes et elle a pris un bloc-notes pour écrire.

« Est-ce que vous avez remarqué des traces de coups sur lui ?

– Non. Mais on ne va pas attendre qu'il ait une cicatrice pour intervenir. Regardez son comportement. S'il fait autant de bêtises, c'est peut-être un signe qu'il y a un souci. Peut-être que c'est sa manière d'appeler à l'aide. Déclencher l'alarme incendie, ça veut bien dire quelque chose ? »

J'étais assez fière de cette remarque improvisée.

« Certes. Enfin… il a aussi organisé un trafic de fausses cartes Pokémon pour arnaquer les petits.

– Mais on doit bien pouvoir faire quelque chose pour l'aider ? »

Elle a tracé des tirets sur sa feuille de papier, comme un plan d'action.

« Je peux demander une enquête sociale. Bon. D'abord, est-ce que vous pensez qu'il y a réellement maltraitance ? Parce que des pères alcooliques, malheureusement, ce n'est pas ce qui manque.

– Il passe la nuit dans la cage d'escalier parce qu'il ne peut pas rester chez lui. Donc peut-être qu'il n'y a pas de violence physique, mais la maltraitance, ça n'est pas que ça. »

Elle a appuyé plusieurs fois sur la feuille avec la pointe de son stylo.

« Dans ce cas, on va faire un signalement. Je vais en discuter avec son enseignante, Mme Bamba. Et je vais solliciter l'infirmière scolaire et l'assistante sociale pour qu'elles voient l'élève. Elles nous aideront à évaluer la situation. Je dois également en informer l'inspecteur d'académie et la CRIP, c'est la cellule départementale de recueil, de traitement et d'évaluation des informations préoccupantes.

– CRIP, c'est vraiment son nom ?

– Oui. »

J'étais partagée entre le soulagement qu'une procédure soit lancée et le poids de la responsabilité de l'avoir initiée.

« Est-ce que la famille sera au courant ?

– Non. Concernant les violences intrafamiliales, il n'y a pas d'obligation de les prévenir. Je dois noter votre identité, mais à ce stade, les parents ne sauront rien. Par la suite, si cette première étape nous amène à pousser plus loin le dossier, la famille est informée, mais elle ne saura pas que ça venait de vous.

– Très bien… Et ça va prendre du temps pour cette première étape ?

– Malheureusement, oui. On n'a pas d'assistance sociale dédiée et la psychologue scolaire est sur dix établissements en même temps. On a peu de moyens. Mais je vais essayer d'accélérer les choses.

– Ça se compte en termes de jours, de semaines ou de mois ?

– Ça dépend du planning de l'infirmière scolaire. Elle gère deux collèges et huit élémentaires et maternelles. Puisque vous pensez que la situation est urgente, je vais lui demander de trouver un créneau pour voir l'enfant d'ici deux ou trois semaines. »

J'étais soulagée.

« Et ensuite ?

– En théorie, si notre première enquête nous convainc qu'il y a danger, les services sociaux du département ont trois mois pour évaluer la situation. Est-ce que vous avez essayé d'en parler avec sa mère ?

– Oui. Mais elle refuse la discussion sur le sujet. Elle me dit qu'elle est en train de gérer la situation.

– Il faut la comprendre. Elle pense sans doute que si elle parle, son conjoint deviendra encore plus dangereux. Et ce n'est peut-être pas faux. Dans son optique, ne pas parler, c'est protéger son enfant. Je vais voir avec Mme Bamba comment ça se passe, si elle a des contacts avec les parents. Je vous avoue que les dernières fois où j'ai reçu la mère, c'était pour lui signaler le comportement de son fils. Peut-être que Mme Bamba a eu des échanges plus positifs avec elle.

– Et concrètement, qu'est-ce que les services sociaux peuvent faire pour aider ? Parce qu'il ne faut surtout pas qu'il soit séparé de sa mère.

– C'est leur travail d'évaluer la situation. S'ils pensent qu'il y a un souci, le fait qu'ils aient un entretien avec les parents peut être un déclencheur pour la mère. Mais si vous vous inquiétez pour un éventuel placement à l'Aide sociale à l'enfance, je peux vous rassurer. Les centres d'accueil sont surchargés. Il n'y a plus de place.

– Et alors, qu'est-ce qui peut se passer ? »

Elle regarda sa feuille de papier.

« Les enquêtes mènent à trois possibilités. Un classement. On estime qu'il n'y a pas de risque particulier et ça s'arrête là. Une saisine de l'autorité judiciaire, mais sans violence physique, c'est peu probable. Ou alors une proposition d'accompagnement de la famille avec des éducateurs qui viennent régulièrement au domicile pour discuter de l'évolution de la situation. Mais là encore, il y a un énorme manque de moyens. On est à cinq mois d'attente pour que ça se mette en place. Et on a de la chance, en Seine-Saint-Denis, c'est huit.» Elle jeta un œil à l'horloge accrochée au mur. «Bon, en tout cas, je rédige la fiche aujourd'hui, et on lance la procédure.

– Merci. Je suis inquiète pour lui, et je ne sais plus comment l'aider.»

Elle m'adressa un sourire encourageant.

«Vous avez déjà l'air d'en faire beaucoup.

– Franchement? Non. Je colmate une situation pourrie, mais je ne la change pas profondément.

– On en est toutes là.»

Elle ne souriait plus.

La sonnerie a retenti, je suis sortie pour attendre les enfants. Raoul a bondi hors de l'école à la manière d'un petit lapin. J'ai collé mon nez dans ses cheveux, meilleur moment de mes journées, pendant qu'il parlait sans reprendre son souffle: «J'ai échangé un Dracaufeu à un grand de CM1 et il voulait pas mais ensuite il voulait bien.»

Lapouta est arrivé juste après, en traînant les pieds, une bretelle de son sac à dos à moitié mise. Je l'ai vu dire au revoir à ses copains en faisant des checks d'ados. Il marchait avec la nonchalance d'un détenu de quartier de haute sécurité dans une prison américaine. J'ai levé la main pour lui dire que j'étais là. Il a souri et il a repris un visage d'enfant.

Derrière lui, j'ai aperçu Colette en pleine discussion avec sa meilleure amie. J'ai de nouveau levé la main. En me remarquant, elle a fait un signe à sa copine et elle est venue me rejoindre avec un air joyeux. C'était nouveau. Avant, dès qu'elle m'apercevait son visage tournait au gris, comme si j'avais été une immense gastro. Désormais, elle paraissait heureuse de me retrouver. J'avais totalement déserté les réunions des BMA, mais j'aurais dû y retourner pour leur dire de ne pas perdre espoir, que tout était possible.

À ce rythme-là, j'allais avoir un magot d'or et une parentalité heureuse. Et je pourrais alors gérer à l'aise le dérèglement climatique et l'effondrement de la biodiversité.

Une fois que les trois furent autour de moi, je leur annonçai :

« Alors, aujourd'hui, on ne rentre pas directement à la maison.

– On va où ? m'a coupée Raoul qui pressentait une arnaque.

– Je dois aller inspecter la cave d'un immeuble.

– C'est pour le trésor ? a demandé Colette, excitée.

– Oui, mais il ne faut pas le dire. »

Du coin de l'œil, j'ai vu le visage de Raoul se chiffonner. Je connaissais ces prémices par cœur. Il allait me péter une crise. Je décidai de sortir ma carte joker. Je lui caressai la joue en disant :

« Et pour fêter ça, on va passer à la boulangerie, et vous aurez le droit de prendre ce que vous voulez. Tout ce qui vous fait plaisir. »

Raoul gardait la tête baissée vers le sol. Il a marmonné :

« C'est loin ?

– Un peu.

– C'est combien de temps ? »

Il fallait jouer finement. Je pouvais lui mentir sur le temps de trajet vu qu'il avait encore du mal à évaluer les durées, mais pas trop non plus.

« Il faut juste prendre un tramway et marcher un peu. »

Déclenchement de la sirène. Le lapinot mignon s'était transformé en monstre. Il ne pleurait pas, il se contentait d'émettre un braillement du type alarme incendie. Colette a essayé de lui dire « tu veux prendre quoi à la boulangerie ? » mais ça n'a servi à rien et elle m'a adressé un regard désolé.

On restait plantés là, je ne savais pas quoi faire. J'ai dit à Lapouta « Remets bien ton sac à dos, tu vas te faire mal à l'épaule ». Il a redressé sa bretelle. Et puis il a passé son bras autour des épaules de Raoul. « Il paraît que t'as échangé un Dracaufeu ? Moi, j'ai un Salamèche GSTAR Extra. Ça t'intéresserait qu'on fasse affaire ? » Raoul a diminué le volume sonore de son alarme, on s'est mis en marche vers la boulangerie.

Ils ont fait une razzia de viennoiseries et on est allés prendre le tramway. Sur le chemin, Lapouta a continué de s'occuper de Raoul ; j'essayais d'écouter leur discussion mais ils chuchotaient, je ne distinguais que quelques noms de Pokémon.

Colette marchait à côté de moi. Elle m'a demandé :

« On peut faire le jeu des mensonges ? »

Je l'ai regardée avec surprise. Ce jeu datait de l'entrée en maternelle de Raoul. Après avoir compris que je n'obtiendrais jamais d'autres informations sur sa journée d'école qu'un laconique « ça va », j'avais imaginé ce jeu. Il consistait à raconter trois épisodes de sa journée, mais un seul était vrai. Colette n'avait jamais voulu y participer.

« OK. Tu commences ?

– Alors… Aujourd'hui, j'ai trouvé une araignée dans mon assiette à la cantine. J'ai été punie parce que j'avais bavardé. J'ai eu un A en dictée.

– Waouh ! C'est pas facile. L'araignée, peu crédible. Que tu sois punie, ça m'étonnerait aussi. Donc je pense que tu as vraiment eu un A à ta dictée.

– Raté ! » Son exclamation était euphorique. « Je savais que tu ne devinerais jamais !

– Bah, c'était quoi alors ?

– J'ai trouvé une araignée dans le plat !

– Hein ?! Mais c'est pas possible !

– Si !

– C'était quoi ce plat ?

– C'était les petites pommes de terre carrées. Il y avait une araignée enfoncée dans un morceau.

– Morte ?

– Oui !

– Mais c'est dégueu ! Tu l'as dit ?

– Oui.

– Et ?

– Bah, elles ont enlevé le morceau de mon assiette.

– Et t'as mangé le reste ? »

Elle a fait la grimace.

« Non, j'avais plus du tout envie d'en manger.

– T'as eu faim alors ? Heureusement qu'on a dévalisé la boulangerie.

– À ton tour ! »

C'était pas mal que Lapouta se charge de Raoul, ça nous permettait de passer un moment ensemble. Ensuite, je lui ai raconté les pires bêtises que Lou et moi avions faites à son âge et ça nous a occupées tout le trajet.

On est arrivés devant l'immeuble. J'avais vérifié la veille sur Google Street View qu'il existait toujours. C'était un bâtiment en briques rouges de quatre étages avec des volets métalliques rouillés qui s'ouvrent en se pliant. J'avais eu ça dans mon premier studio et je me souvenais avoir toujours eu peur de me coincer la paume de la main en les manœuvrant. Le local commercial était encore en activité.

Chez la Mouche, il y avait une photo de la devanture d'époque, QUINCAILLERIE était écrit en gros dans une jolie calligraphie vintage. Désormais, c'était ce genre de magasin dont on avait du mal à définir la nature tant l'éventail de ses possibilités était large. On pouvait y consulter Internet sur des ordinateurs, faire des photocopies, récupérer et expédier des colis, acheter des coques et des chargeurs de téléphone et envoyer de l'argent à l'étranger via un comptoir. Au final, une espèce de quincaillerie moderne, typique des quartiers populaires. Je me suis rappelé qu'il y avait un centre d'hébergement pour travailleurs étrangers un peu plus loin dans la rue. Ceci expliquant cela.

La porte d'entrée de l'immeuble était en bois, un sobre SUCE avait été tagué dessus. Un Digicode pendait hors du mur, à moitié arraché. J'ai poussé la porte, elle s'est ouverte.

J'ai pensé à la Mouche, au nombre de fois où elle avait dû poser sa main au même endroit en se demandant comment se sortir du piège marital dans lequel elle s'était embourbée. Elle avait été enceinte de ma mère ici. Peut-être qu'un jour elle avait ressenti des contractions à cet endroit, qu'elle avait dû s'appuyer contre ce mur.

À droite, il y avait quatre boîtes aux lettres. Au fond du hall, un escalier menait aux étages, et en dessous, comme dans les souvenirs de ma mère, une porte en bois marron, de petite taille.

« C'est la chambre de Harry Potter », m'a soufflé Colette.

J'ai examiné la porte. Elle avait une poignée, et un verrou avait été posé au-dessus. Il n'y avait aucune chance que je parvienne à la forcer. J'ai tout de même essayé d'actionner la poignée. C'était bien fermé. Je sentais les regards des enfants dans mon dos et ça ne m'aidait pas à me concentrer.

Brusquement, je me suis rendu compte de l'absurdité de ma démarche. Qu'est-ce que je foutais là avec trois gamins ? Je me prenais pour un croisement entre Sherlock Holmes et une Nounou d'enfer ? Jamais, nulle part, on avait vu quelqu'un mener une enquête accompagné par des enfants. Ça n'avait aucun sens.

« Écoutez, j'ai besoin de cinq minutes pour réfléchir. Si vous m'attendiez dehors ? Lapouta, tu peux aller acheter une brique de jus de fruits ? Il y a une épicerie en face. »

Je lui ai donné l'argent, il est parti avec Raoul mais Colette a préféré rester avec moi. Je lui ai expliqué le problème de la serrure. Je regardais intensément la porte pour trouver une solution, parce qu'il existe toujours une solution et que je ne voulais pas abandonner maintenant.

Un homme est entré dans l'immeuble ; il était vieux, sa coupe afro avait blanchi, il poussait un Caddie de supermarché en métal à l'intérieur duquel étaient stockés un bidon, une plaque et un sac dont débordaient des marrons. Il s'est arrêté devant nous. J'ai lancé un joyeux « bonjour » auquel il n'a pas répondu. Il a laissé son Caddie dans le hall et il a essayé de prendre le sac de marrons dans ses bras, mais on voyait qu'il n'avait plus assez de force pour le porter. J'ai repensé à la comtesse de Ségur, une bonne action par jour.

Je me suis approchée : « Je vais vous aider si vous voulez. » J'ai pris le sac de marrons. L'homme m'a regardée pour la première fois, étonné. Puis il est parti dans l'escalier ; je l'ai suivi. Il est monté au troisième étage et il m'a désigné l'angle d'un mur pour que je pose le colis.

On est redescendus, il m'a montré le bidon et la plaque. « Vous voulez que je les monte aussi ? Aucun problème. » J'ai tout apporté en haut. Il a disparu dans son appartement et je suis redescendue.

J'ai regardé la porte toujours désespérément fermée. Colette a dit « Peut-être on peut l'ouvrir avec une carte bancaire ? ». Suggestion séduisante mais peu efficace.

Et puis, alors que j'étais penchée sur la serrure, j'ai vu une main passer devant mes yeux. Je me suis redressée. Le vieil homme tenait une clé, il l'a introduite et la porte s'est ouverte.

« Oh, merci beaucoup ! Je veux juste vérifier quelque chose, une chose que j'ai oubliée il y a longtemps. »

Il a hoché la tête et il est reparti, le pas traînant.

Louée soit la comtesse de Ségur.

Derrière la porte, un escalier en pierre étroit descendait dans les fondations de l'immeuble. Coup de chance, l'interrupteur fonctionnait. J'ai dit à Colette de m'attendre. En bas, il faisait frais. Il y avait une odeur pas désagréable, mélange de renfermé et de bois humide. J'ai inspecté tout l'espace, je n'ai trouvé qu'un bric-à-brac de vieilles poussettes, de pots de peinture rouillés, de planches, d'escabeau cassé.

Armée de la torche de mon téléphone, j'ai observé le sol. Il était en terre, très dure. J'espérais y voir une marque quelconque, une zone qui aurait été creusée ou retournée, mais non.

Colette m'a appelée : « Je peux descendre avec toi ? » J'entendais Lapouta et Raoul qui jouaient dans le hall. J'ai dit oui.

J'ai examiné un par un les murs en pierre, il était impossible qu'il y ait une cachette dedans. Il n'y avait rien sur le sol, ni dans les murs. Peut-être qu'à une époque, il y avait eu autre chose, une armoire, un meuble quelconque avec un double fond et mon or dedans. Mais ce n'était plus le cas.

J'ai regardé une dernière fois la cave, et j'ai senti, aux tréfonds de mon ventre, que ma fortune n'était pas là.

C'était un échec. Et pire, je n'avais plus aucune piste valable.

Lapouta est repassé chez lui, mais comme sa mère finissait tard, il m'avait demandé de venir dîner avec nous. J'étais debout dans la cuisine, une spatule en bois à la main, je remuais de temps en temps le riz en train de cuire.

Lapouta était occupé à chercher sur la tablette un dessin animé qui leur plairait à tous les trois. Je regardais son profil, le bout arrondi de son nez, son air concentré. Est-ce que j'avais bien agi en parlant à la directrice ? Est-ce que j'en faisais trop ou pas assez ? Comment évaluer la situation ? J'étais partagée entre le soulagement de savoir que l'institution allait s'en mêler, et la culpabilité de l'avoir trahi. M'en voudrait-il à mort s'il l'apprenait ? Devais-je lui dire que j'avais parlé à la directrice ?

Après le dîner, j'ai envoyé les petits se laver les dents et j'en ai profité pour demander à Lapouta de rester à table avec moi.

« Je sais que tu n'aimes pas parler de ce qui se passe chez toi, mais il faut le faire. C'est important. »

Il avait l'air placide.

« Pourquoi ?

– Parce que ce n'est pas normal. Tu ne vis pas dans un environnement sain pour un enfant. »

Il a haussé les épaules.

« Ça va.

– Non, ça ne va pas. D'abord, tu manques de sommeil parce que ça t'empêche de dormir. Même quand tu passes la nuit ici, tu arrives à 23 heures, c'est trop tard. Ensuite, je sais que tu as peur pour ta mère. Tu es angoissé. Et ça t'amène à faire des bêtises à l'école.

– Ça va. »

Je ne savais plus par où mener la discussion.

« Tu veux à la fois qu'on t'aide et ne pas en parler. Mais ça ne peut pas fonctionner comme ça. Pour qu'on t'aide vraiment, il va falloir raconter ce qui se passe. »

Cette fois, il a baissé la tête, il avait les yeux humides.

« Non, mais ça va. C'est juste quand il boit.

– Il boit souvent. »

Il y a eu un silence. Derrière lui, j'ai aperçu Colette qui sortait de la salle de bains, je lui ai fait signe d'aller dans sa chambre. Lapouta ne parlait pas.

« Tu voudrais quoi ? L'idéal, ça serait quoi pour toi ?

– Qu'il arrête de boire. »

OK. C'était clair.

« Ça va quand il boit pas. Mais quand il y a l'alcool, ça le rend fou et c'est pas vraiment lui. Le vrai lui, c'est quand il boit pas. »

J'étais démunie. Il fallait une véritable volonté pour sortir de l'alcoolisme, et je n'étais pas certaine que son père soit prêt à s'engager dans cette voie. Mais je ne pouvais pas détruire les rêves de Lapouta, d'autant que c'était la première fois qu'il exprimait un espoir.

Il parlait enfin comme un enfant. Avec innocence et naïveté. J'ai senti que mes yeux s'humidifiaient aussi. J'aimais cet enfant de toutes mes forces. Je voulais qu'il ait une vie confortable, en sécurité. C'était tellement injuste que son quotidien soit aussi dur alors que Raoul et Colette menaient des vies simples et tranquilles. Il ne méritait pas moins que les autres. Pourquoi fallait-il que ce gamin-là soit cabossé dans tous les sens ? Pourquoi devait-il souffrir autant ?

Il m'a demandé :

« Comment on fait pour que quelqu'un arrête de boire ? »

Je me suis raclé la gorge pour effacer le sanglot qui était coincé.

« C'est pas facile. Mais d'abord, il faut que cette personne ait envie d'arrêter. Qu'elle ait vraiment la motivation. Ensuite, on peut l'aider, il y a des centres pour ça, et des groupes comme les Alcooliques anonymes. Mais on ne peut pas aider quelqu'un qui ne veut pas qu'on l'aide. Il faut que cette personne soit prête.

– Et on peut pas l'aider à être prête ?

– Je sais pas. Peut-être. Tu lui as déjà demandé d'arrêter de boire ?

– Oui. Et maman aussi. Et il réussit à arrêter ! » L'espace d'une seconde, il a paru fier de son père. « Mais ensuite, il recommence.

– Écoute, je ne suis pas spécialiste de ce sujet. Il y a des gens dont c'est le métier d'aider les personnes comme ton père, et les enfants comme toi, et les femmes comme ta mère. C'est pour ça qu'il va falloir parler à ces personnes. »

Je voulais le préparer le plus doucement possible à son futur entretien avec l'infirmière scolaire. Mais je me rendais bien compte que son désir était très éloigné de la réalité du travail des services sociaux. La CRIP n'allait pas aider son père à devenir sobre.

J'ai senti qu'émotionnellement il ne pouvait pas tenir la discussion plus longtemps. Il avait les traits tirés et il n'arrêtait pas de bouger sa jambe. J'ai posé ma main sur sa cuisse pour l'apaiser.

« En tout cas, moi, je suis toujours là pour toi, et avec Greg on est très heureux que tu fasses partie de notre famille. Comme ça, tu as deux familles. Et deux appartements. »

Pour la première fois, j'ai osé le serrer dans mes bras. J'ai senti qu'il appuyait sa tête contre moi et je l'ai tenu fort, comme si j'essayais de le sortir de l'eau et qu'il ne fallait pas que je le lâche avant qu'on soit en sécurité.

Enfin, tout ça, c'était avant la catastrophe. L'apocalypse qui s'est déroulée quelques jours plus tard.

Le premier signal d'alarme a été un texto d'Éva à 9 h 30 du matin. « Ça va aller, poulette ? On se voit dès que je finis. » C'était mon jour de télétravail. J'étais en train de faire bouillir de l'eau pour préparer un café, une activité qui ne méritait pas ce genre de messages. De quoi pouvait-elle parler ? J'ai eu la très désagréable sensation qu'un malheur s'était abattu sur moi mais que j'ignorais ce que c'était. Ça m'a donné des petites palpitations.

« De quoi tu parles ? »

Je n'avais pas du tout envie de le savoir, même si c'était sûrement moins grave que ce que je pressentais.

« Il y a une vidéo de toi qui tourne sur les réseaux. »

Évidemment, j'ai pensé à une vidéo de fesses. Mais pas du tout. Et entre les deux, je crois que j'aurais choisi le cul. Y compris un truc bien dégueulasse.

J'ai ouvert les réseaux sociaux, ce que je n'avais pas encore fait ce matin-là. Je me suis posé des limites, jamais avant le café. Moi qui n'ai qu'une activité limitée en ligne, j'y suis avant tout en spectatrice de ce que les autres postent ; pour la première fois de ma vie, mes mentions explosaient. Toutes renvoyaient vers une vidéo. Visiblement tournée au téléphone portable. J'ai d'abord reconnu la salle de yoga. Puis les visages. Le club des Belles-Mères anonymes.

Ensuite, on me voyait en train de dire des horreurs sur Colette. « Est-ce qu'on est vraiment obligée d'aimer tous les enfants ? Non ? Eh bien voilà, je ne l'aime pas cette enfant. C'est une tannée, elle est chiante, elle est pas sympa. Et puis hypocrite devant son père. Bien manipulatrice. Et évidemment, impossible de le dire à son père qui croit que c'est la huitième merveille du monde. »

La vidéo était associée aux mots clés: méchante-femme, marâtre, sorcière, vraivisagedesfeministes. Et Chloé Berthoul.

Ces connards avaient mis mon nom et un lien vers mon profil en ligne.

J'étais dans l'œil d'un cyclone d'excréments. Les gens discutaient de mon degré d'humanité dans les commentaires, de «aucune humanité, la meuf est une vraie connasse» à «deux degrés d'humanité peut-être qu'elle a ses raisons mais j'avoue c'est chaud de dire ça».

Participaient également à la discussion toutes les personnes de France qui avaient une belle-mère et qui, plutôt que de régler leurs problèmes avec elle, avaient décidé de se défouler sur moi. Il y avait des photomontages de moi et de la reine dans *Blanche-Neige* quand elle est devenue une sorcière effrayante.

C'était un cauchemar. Un cauchemar silencieux. Autour de moi, l'appart était calme, et pourtant, je traversais un vacarme d'insultes assourdissant.

J'essayais de lire toutes les publications qui me mentionnaient mais c'était sans fin, il y en avait sans cesse de nouvelles. J'ai reposé le téléphone.

Et j'ai pensé à Greg. Était-il au courant? Comment allait-il réagir?

J'avais tellement honte...

J'ai paniqué. De l'extérieur, ça ne se voyait pas – j'étais juste assise sur le canapé. À l'intérieur de moi, c'était le jour du Jugement dernier avec flammes réduisant la terre en cendres et démons griffus pour m'emporter en enfer.

Il fallait que je contacte Greg. Vite.

J'ai écrit à Éva. «Je fais quoi pour Greg?» Elle m'a répondu dans la minute, j'imagine qu'aujourd'hui elle allait garder son téléphone dans sa poche pendant toutes ses heures de classe pour me soutenir: «Va le voir.»

OK. Donc m'habiller et aller au bar.

Mes jambes étaient molles comme les montres dans les tableaux de Dalí. J'étais désorientée. J'ai pensé: il faut que je me lave les dents, sinon il ne me pardonnera pas. En me lavant les dents, je pensais: mais peut-être qu'il ne me pardonnera jamais.

Je ne sais pas comment on appelle l'état qui est après l'état second, sans doute l'état tertiaire, j'ai donc fait le trajet dans un état tertiaire. Dans le bus, j'étais convaincue que les gens me dévisageaient. Ils allaient m'attraper, me frapper, me tondre.

À chaque fois que je rouvrais les réseaux, mes notifications continuaient d'exploser dans une ascension exponentielle, quasiment cosmique.

Damien m'a envoyé un message : « Dis donc, t'es le sujet du jour. » Ce que j'ai trouvé un peu léger comme soutien. « C'est l'horreur, ma vie est foutue. » Il n'avait pas l'air de saisir la gravité de la situation. « Ça va passer, quand ils n'auront plus rien à dire. » Il avait des qualités mais il n'avait pas été programmé pour le soutien émotionnel.

Je suis descendue du bus, j'ai marché. Il fallait que je me ressaisisse. Il fallait une stratégie. Un ordre de bataille. La priorité était de sauver mon couple.

Je suis entrée dans le bar, Greg était tourné vers le percolateur. Il m'a vue et son visage n'a rien exprimé. Ce qui était en soi l'expression d'un désamour.

Je me suis approchée.

« Je suis désolée.

– Je sais pas si j'ai envie d'en parler maintenant. »

Il ne faisait pas un geste vers moi. Il était glacial.

J'ai compris à ce moment-là que j'avais eu l'espoir qu'il me dise « ce n'est pas grave, je t'aime ».

« Tu dois savoir que je ne le pensais pas ! Déjà, c'est une très vieille vidéo, d'il y a plusieurs mois et, je sais pas si tu as remarqué, mais ça va beaucoup mieux entre Colette et moi ; c'est vrai qu'à une époque j'en ai souffert, j'avais l'impression qu'elle me rejetait. Et puis, c'est le principe de ces réunions, on vide notre sac, on dit des choses affreuses, même si on ne les pense pas, juste pour se soulager. Mais il ne faut pas les croire. Ce n'est pas vrai. J'adore Colette. C'est une petite fille géniale. »

Son visage restait figé dans la glace.

« Je suis son père, je sais qu'elle est géniale.

– Mais moi aussi ! Je l'adore, je ne veux plus vivre sans elle. J'allais hyper mal et c'est grâce aux enfants, aux trois, que je suis sortie du trou. »

Il y a eu un silence. J'avais l'impression que j'allais crever sur place s'il ne me prenait pas dans ses bras. Il ne m'a pas prise dans ses bras. Et j'ai survécu. La vie est pleine de surprises.

Il m'a dit :

« On en parle ce soir, je vais finir tôt. »

Le coup de chance, c'est que Colette était chez sa mère ce jour-là. Sa mère… Oh, putain… Il allait falloir que je m'excuse auprès d'elle. Elle allait me détester. Et elle aurait raison.

Éva m'a proposé qu'on déjeune ensemble. Elle avait parlé d'une urgence familiale à la directrice pour manger à l'extérieur de la maternelle. Je suis venue la chercher et on est allées au Tournesol. Je n'avais pas faim, mon estomac avait disparu. Volatilisé. À la place, il y avait un trou, que j'ai décidé de remplir avec de l'eau. Éva engloutissait sa salade César en me parlant sur un ton combatif.

« On va régler ça. C'est une attaque contre toi. »

Tiens, c'était vrai que je ne m'étais pas encore demandé d'où venait cette vidéo.

« Tu dois chercher qui l'a publiée en premier. Tu penses à quelqu'un ?

– Bah, un des mecs qui vient aux Belles-Mères anonymes.

– Il s'appelle comment ?

– J'en sais rien. En plus, ils viennent une fois ou deux et ensuite ils disparaissent.

– Deuxième question, il n'a posté que la partie où toi tu parles. J'imagine qu'il a des images des autres et qu'elles disent aussi des trucs hardcore. Donc c'est quelqu'un qui veut te détruire. D'où le fait qu'il y ait ton nom associé.

– Ah…

– Vous donnez vos noms aux réunions ?

– Non, bien sûr que non. C'est un club anonyme. »

Elle a secoué la tête.

« Ça veut dire que tu étais ciblée depuis le début. »

J'étais assommée, pourtant une petite lumière s'est allumée.

« La menace ! Je t'en ai pas parlé, mais j'ai reçu deux mails de menaces anonymes. C'est forcément lié, non ? »

J'étais trop perdue pour tirer des conclusions.

« Tu ne m'en as pas parlé ?! s'est exclamée Éva avant de se reprendre, elle a senti que ce n'était pas le jour pour me faire des reproches.

– Il avait promis qu'il allait me faire la peau, mais j'avais pas pensé à ça.

– Attends, ça veut dire que le mec se prépare depuis un moment. La vidéo date de quand ?

– Pfff… Je crois que c'était en novembre dernier.

– Alors pourquoi il ne la sort que maintenant ? Il s'est passé quelque chose.

– Damien pense que c'est peut-être le père de Lapouta qui m'a écrit.

– Oui… Mais la vidéo… il l'aurait eue comment ? »

J'ai regardé mes mains, elles tremblaient.

« J'en sais rien. J'arrive pas à réfléchir. »

Éva m'a attrapé une main et l'a serrée. Elle s'est penchée en travers de la table pour capter mon regard. J'étais épuisée.

« Ça va passer. Je te le promets. Là, ça a l'air d'être infernal mais ça va se calmer. »

J'avais envie de pleurer et je n'arrivais pas à lui répondre.

« Greg va se calmer, il va comprendre. »

J'ai hoché la tête.

Ensuite, je suis retournée à la maison. La mère de Colette m'a envoyé des messages de cinq mille signes pour me demander de quel droit je parlais comme ça de sa fille, qui était merveilleuse, que j'avais trahi sa confiance, qu'elle m'avait confié la chair de sa chair et que j'étais une personne monstrueuse, parce que seule une personne monstrueuse peut ne pas aimer les enfants. Je vous fais un résumé.

J'ai tenté de m'excuser comme je pouvais.

Lou m'a écrit mais j'ai à peine lu. Idem pour ma mère. J'ai juste retenu que la chose prenait des proportions tellement gigantesques que c'était arrivé jusque dans sa sphère.

Et puis j'ai reçu un appel de Mehdi, mon patron. Là, impossible de l'esquiver. J'ai décroché. Il m'a dit qu'il était désolé pour moi, il avait reçu des messages publics et privés exigeant qu'il me licencie. Il m'a rassurée, évidemment, il n'en était pas question. Mais officiellement, il allait répondre que mon cas serait étudié, le temps que les choses se calment. Et puis, il valait mieux que je n'anime pas la prochaine formation. Certains internautes établissaient un lien entre le fait que je déteste les enfants et que je travaille sur l'écriture inclusive. Pour eux, c'était une suite logique. Il m'a dit que je pouvais continuer à bosser sur les autres dossiers, mais que si je voulais prendre ma journée, il comprenait.

Je n'avais encore rien dit. Je me suis contentée d'approuver : « Oui, je vais prendre ma journée. »

Je suis retournée dans mon lit. Je suis restée prostrée le reste de la journée. Je suis allée chercher

Raoul à 16 h 30 et j'ai bien vu que certaines personnes me regardaient de travers.

Greg est rentré en fin d'aprèm. L'ambiance était horrible. Morose. Figée. Après avoir couché notre enfant, on est restés à table, face à face. Le visage de Greg n'avait pas décongelé. Il m'a demandé :

« Si Colette voit cette vidéo, on fait quoi ? »

Je ne l'avais pas envisagé. Elle était en CM1 et elle n'avait accès à aucun réseau social.

« Je pense pas qu'elle la verra.

– Et si quelqu'un lui en parle à la récré, tu y as réfléchi ? T'es pas responsable que de Lapouta. Tu as aussi des obligations envers Colette. »

J'ai enfoncé ma tête dans mes épaules.

« Eh bien… On n'a qu'à lui dire que c'est faux. Que c'est un *deepfake*. Un montage vidéo. Que je n'ai jamais dit ça. »

À la manière dont Greg a écarquillé les yeux, j'ai compris que ce n'était pas la réponse attendue.

« Mais t'es sérieuse ?! Ta solution, c'est de lui mentir ?

– Bah… on lui a fait croire au père Noël pendant des années, donc bon, il y a des mensonges autorisés a priori. »

Il avait l'air accablé par ma nullité.

« T'es vraiment la petite-fille de la Mouche. »

Il y a eu un long silence. J'avais envie de pleurer.

« Si tu penses que le mieux c'est que je lui dise la vérité, je vais le faire. Je ferai exactement comme tu veux. »

Il s'est pris la tête entre les mains, mais je savais que je n'avais pas le droit de me lever pour le toucher.

« J'ai eu Andréa au téléphone. Elle pense que ce n'est pas le bon moment pour parler à Colette. Elle va surveiller pour être sûre que personne ne lui dit rien. Si Colette découvre cette merde, tu devras lui expliquer pourquoi tu as dit ça. Et si par miracle elle n'apprend rien, tu auras gagné un répit. Tu lui parleras plus tard, quand elle sera plus grande. Et tu t'excuseras. »

J'ai acquiescé et je suis allée me mettre au lit, j'étais rincée. Greg est resté sur le canapé.

Le lendemain, en me réveillant, j'ai eu l'espoir que ce serait une journée différente, que tout serait oublié, que ça commencerait à se tasser. Pas du tout. C'était pire. Plus la vidéo était vue, plus elle circulait.

Cette fois, j'ai décidé de prendre les choses en main. J'ai allumé mon ordi et j'ai commencé à chercher d'où elle venait. Assez vite, il m'est apparu que, certes, une partie de la population française me détestait, mais qu'à l'origine de la viralité de la vidéo il n'y avait qu'une trentaine de comptes. Et pour trente comptes, on pouvait imaginer qu'il n'y avait en vrai que cinq personnes. C'était toujours les mêmes qui repostaient la vidéo toutes les heures et allaient la commenter chez les autres pour augmenter sa visibilité. Ces comptes avaient plusieurs points communs. Ils étaient anonymes, ils n'avaient publié que des messages misogynes, plusieurs avaient des photos de profil liées au foot, notamment au FGU, le club de foot de Gabarny.

Ça me rassurait. Ils n'étaient pas représentatifs de la population. J'étais tombée dans les radars des masculinistes locaux et ils avaient lancé une opération contre moi. Un raid. Je ne fus donc pas très étonnée de trouver chez plusieurs d'entre eux des photos des tags du CUH. La boucle était bouclée. On revenait à eux. Mais je devais avouer que leur opération avait sacrément bien fonctionné.

J'ai tout de même vu des commentaires qui prenaient ma défense. Des femmes, des féministes, qui évoquaient la difficulté à être belle-mère, le tabou autour de ce statut, ce qu'on attendait de nous. Ça m'a un peu consolée. Elles étaient également plusieurs à dire que ça ressemblait à une vengeance privée. Et enfin qu'on n'aurait jamais fait ça aux autres réunions anonymes et que le procédé était dégueulasse de filmer en cachette et que les gens feraient mieux de flipper si n'importe qui pouvait se retrouver filmé à son insu et lynché en place publique.

J'ai longuement observé les cinq comptes principaux de la cabale. J'ai pensé à retourner voir la police, mais il n'y avait pas de quoi porter plainte, il n'y avait pas de menace.

Qui pouvait m'en vouloir autant ? Qu'est-ce que j'avais bien pu faire pour provoquer une telle réaction ?

J'ai passé la suite de la journée à parler toute seule. J'étais en boucle. Je m'adressais à diverses personnes, Greg, les connards, Colette, Andréa. Et je répétais sans cesse les mêmes choses en arpentant mon salon. En termes de santé mentale, c'était un peu inquiétant mais ça me faisait du bien. J'avais besoin de soliloquer.

J'ai fini par me décider à écrire quelque chose sur mes réseaux. Un texte court et définitif: «Ma belle-fille est une enfant extraordinaire, je l'aime passionnément, elle donne un sens à ma vie. Mes propos ont été sortis de leur contexte, tronqués, mal interprétés, et de toute façon n'auraient jamais dû être rendus publics.»

Voilà.

Le premier commentaire qui est apparu en dessous était: «Méchante et menteuse en plus. La totale. La gonz a tous les défauts.» Le deuxième: «Pas crédible pour un bale.» Etc.

J'ai refermé l'ordi. Au moins, j'avais fait quelque chose. J'avais arrêté de subir.

J'avais toujours culpabilisé de ma relation ratée avec Colette. Je pensais que c'était ma faute et les BMA étaient le seul endroit où je pouvais m'affranchir de cette culpabilité. Et voilà que la quasi-totalité de l'Internet français me confirmait que j'étais une sombre merde.

Lapouta est venu me voir en début de soirée. Il a tout de suite deviné qu'il y avait un souci.

« J'ai été un peu attaquée sur Internet, mais rien de grave, je suis surtout très fatiguée.

– Ah ouais, le truc de la belle-mère. »

Même lui était au courant.

« Mais comment tu peux savoir ça ?

– Bah, y a pas mal de parodies qui circulent sur toi. Des trucs méchants mais aussi des trucs marrants, y a eu des remix version rap, tu veux voir ?

– Non merci, ça ira. Mais si tu les as vus, ça veut dire que Colette aussi pourrait l'apprendre. Et là, ça serait la catastrophe.

– T'inquiète, je gère. »

Il avait la tête des personnages qui, dans les films, annoncent qu'ils ne sont pas vraiment livreurs de pizzas mais des agents dormants de la CIA.

« C'est-à-dire, tu gères ?

– J'ai donné des consignes dans la cour de l'école, personne ne parlera de cette vidéo.

– Ah oui… C'est gentil. Mais avec l'expérience, tu apprendras que le meilleur moyen pour qu'une information circule, c'est d'interdire aux gens d'en parler. »

Il a eu l'air de bloquer sur cette phrase quelques secondes puis il s'est ressaisi.

« Non, je t'assure. Fais-moi confiance. Et puis t'inquiète, hein, dans trois jours, ce sera fini.

– Trois jours ? Mais c'est énorme… »

Il se trouve qu'il avait raison, trois jours plus tard, j'ai constaté une baisse d'intensité. Le harcèlement continuait mais sur un mode moins nucléaire.

Avec Greg, on ne se parlait toujours pas. Il dormait sur le canapé. Heureusement, on n'avait pas besoin d'héberger Lapouta. Peut-être qu'il avait lui-même trouvé que l'ambiance était trop détestable. Greg était déçu, blessé, choqué, trahi. Je le savais. J'en étais désolée. Il le savait. On n'avait rien à se dire. Il n'y avait pas de malentendu à régler. Il n'y avait rien à faire à part attendre de voir si notre couple pourrait s'en remettre.

Le plus paradoxal, c'est que quand Colette est revenue à la maison, elle a été adorable avec moi. Notre relation avait vraiment franchi un cap. Il avait fallu longtemps, très longtemps, des années. Peut-être qu'on n'avait pas été prêtes avant, ni l'une ni l'autre. En tout cas, désormais, si on devait se séparer avec Greg, je ne pouvais pas imaginer de la perdre également. L'ironie de la situation me chatouillait les glandes lacrymales.

Pour couronner le tout, il a fallu que l'anniversaire des dix ans de Colette tombe à ce moment-là de l'année. Pendant longtemps j'avais pensé que, d'une certaine manière, je célébrais à cette occasion un rapport sexuel de Greg et son ex, ce qui était un peu perturbant. Cette fois, j'y voyais vraiment l'anniversaire de Colette. On l'a fêté tranquillement tous les quatre. J'avais préparé son repas préféré, des pâtes au saumon, et, percluse de culpabilité, j'avais passé l'après-midi à réaliser un gâteau en forme de grimoire de sorcier, surmonté de l'écharpe de Gryffondor en pâte à fleurs. C'était un chef-d'œuvre qui m'a valu des cris de joie de la part des enfants.

Niveau cadeau, Greg et moi avions un peu surcompensé. À sa grande surprise, elle a donc eu tout ce qu'elle avait demandé, un appareil photo Polaroid, une montre, une petite coiffeuse avec miroir éclairé et un nouveau casque. Elle ne s'y attendait pas du tout. Elle a sauté au cou de son père et elle est venue me faire un énorme câlin qui m'a tordu le bide et rappelé quel être infâme j'étais.

La seule distraction qui m'a égayée pendant ces semaines, ça a été un message de ma mère. Plus exactement une photo d'un article du journal local, *Le Gabarnais libre*. On y voyait la Mouche, tout sourire, assise dans sa chambre des Mimosas. Elle avait réussi à faire venir un journaliste jusque chez elle. J'étais curieuse de savoir quelles horreurs elle avait balancées sur le maire. J'ai dû agrandir l'image pour parvenir à déchiffrer l'interview. Le journaliste s'y disait très honoré de rencontrer cette grande Gabarnaise qui avait tant marqué l'histoire locale. Une citation avait été sortie du texte pour apparaître en grand : JE SUIS ÉBLOUIE PAR L'ACTION DE DEVEILLAC.

J'ai froncé les sourcils avant de lire l'intégralité du texte. Elle y revenait encore sur ses sacrifices pour les autres, le blabla sur la liberté, et puis, interrogée sur l'action de l'équipe municipale actuelle, elle déclarait : « Tout le monde sait que j'étais proche de l'ancien maire. Je ne vais pas le cacher. Et pourtant, je dois avouer que je suis éblouie par l'action de Deveillac. Il a du talent, ce petit ! Croyez-moi ! Prenez son slogan, LA VRAIE VIE EST À GABARNY, c'est très fort ! Et je ne dis pas ça parce qu'il a promis de donner mon nom pour la Légion d'honneur ! *Rires de Mme Berthoul.* » Le journaliste concluait par : « Quelle belle reconnaissance ce serait pour cette femme et, derrière elle, pour l'ensemble de notre communauté, si elle recevait cette suprême récompense ! »

La Mouche avait encore réussi à me surprendre. Elle était machiavélique. Le maire devait être en train de fulminer devant le piège qu'elle lui avait tendu. Il allait forcément être interrogé et devoir confirmer ou nier. J'avais encore beaucoup à apprendre d'elle.

Au milieu de cette période affreuse, mes seuls moments de respiration étaient ceux que je passais avec Raoul, Colette et Lapouta. Ils étaient ma base. On aurait pu croire que ce torrent de merde allait me faire replonger en dépression, et pourtant non. Après le choc des premiers jours, je suis restée debout. Traumatisée, on ne va pas se mentir, mais pas en dépression à me demander quel était le sens de la vie.

Le sens de la vie, ce n'était pas une formule magique ou le chiffre 42. Ce n'était pas non plus une destination géographique où manger des tartines de palourdes. C'était simplement le fait d'avoir tissé des relations humaines, un réseau de connexion avec d'autres personnes qui m'ancraient dans le temps et dans l'espace.

Quelques jours plus tard, un soir, j'étais debout devant la cuisinière en train de cuire un risotto, la radio allumée en fond sonore. La vie familiale est une répétition sans fin des mêmes gestes, mais j'avais décidé de savourer cette routine plutôt que de m'en plaindre.

Les enfants jouaient dans leur chambre quand Raoul est venu me voir.

« On mange quoi ?

– Du risotto au citron. Ça te va ?

– Oui. »

Il restait là, à côté de moi, ce qui était suspect de la part d'un être qui d'ordinaire sautait sans cesse d'un espace à l'autre.

« Tu veux me demander quelque chose ?

– Oui. »

Et il s'est arrêté là. Le premier degré des gamins, c'est quand même extraordinaire.

«Tu veux me demander quoi?

– C'est quoi que tu as dit sur Colette?»

Attention, message de service, un avion rempli de nitroglycérine instable est en train de se poser dans votre salon. Soyez très prudente.

«Qui t'a parlé de ça? C'est à l'école?

– Non.

– Alors c'est qui?

– Je peux pas te dire.»

Mais il a accompagné cette phrase d'un regard vers la chambre. J'ai appelé Colette. Elle est venue, un peu mal à l'aise. J'ai éteint la radio et coupé le feu, tant pis pour le risotto.

«Venez, on va s'installer sur le canapé.»

Je me suis assise au centre, un enfant de chaque côté.

«Colette, tu as entendu que j'avais dit des choses sur toi, c'est ça?»

Elle a hoché la tête.

«C'est mes parents qui en parlaient au téléphone.»

Ah bah, bravo. Lapouta avait réussi à tenir en respect toute l'école, mais c'étaient les adultes qui avaient merdé.

« Alors je vais t'expliquer. Quand on s'est installés ensemble avec ton père, tu étais toute petite. Tu avais l'impression que tu devais partager ton père avec moi, et ça ne te plaisait pas. C'est normal. Donc au début, tu n'étais pas très sympa avec moi. Et pour moi aussi, c'était compliqué. Je n'avais pas d'enfant et je me retrouvais avec une petite fille dont je n'étais ni la mère ni le père. J'avais du mal à trouver ma place. Est-ce que je pouvais te faire des câlins ? Est-ce que je pouvais te punir ? »

Elle a souri.

« Bref. J'étais perdue. Alors je suis allée dans des réunions pour parler avec des adultes qui vivaient la même chose que moi. Et parfois, dans ces réunions, on disait des choses pas agréables. C'est normal parce qu'on était là pour parler de ce qui n'allait pas. Donc j'ai dit que ça n'allait pas entre toi et moi, parce que c'était vrai à l'époque. Que tu n'étais pas gentille avec moi. Et que je n'étais pas toujours sympa avec toi non plus. »

J'ai fait une pause. Je voulais réussir à dire les choses le plus sincèrement possible. J'ai repris :

« La vérité, c'est que j'étais en colère contre toi parce que j'étais jalouse. Parce que je voulais que tu m'aimes. Alors je t'en voulais. Et puis, il y a quelqu'un qui a répété ce que j'avais dit, et tes parents l'ont appris et ils n'ont pas trop apprécié. C'est normal. »

Raoul a demandé :

« C'est pour ça que papa dort sur le canapé ?

– Oui. »

Le salon n'avait pas explosé. Colette s'est collée contre moi.

« Colette ? Est-ce que tu m'en veux ? »

Elle m'a regardée très sérieusement.

« Non. T'es super gentille avec moi. Mais c'est vrai qu'avant, j'aimais pas que tu sois là. J'aurais préféré vivre seule avec papa.

– Je comprends. C'est pas très juste pour vous, les enfants, parce que vous n'avez rien décidé. Vous devez suivre les parents. Ils se séparent, ils se mettent avec d'autres gens. On ne vous demande pas votre avis. »

Raoul a approuvé gravement.

« Vous nous laissez même pas choisir ce qu'on mange ou quand on se couche.

– C'est différent. On doit vous apprendre à manger équilibré et à suffisamment dormir. Dis, Colette, tu sais ce que j'aimerais ? »

Elle a secoué la tête.

« Que tu ailles chercher ton Polaroid et qu'on fasse une photo tous les trois pour qu'on l'accroche sur le frigo. »

Elle a couru le chercher, et on a gardé un souvenir de ce qui s'était finalement révélé être un moment doux.

Malgré tout, je restais l'une des adultes référentes de Colette. Ce qui explique que quand la directrice de l'école a appelé un mardi à 13 heures pour convoquer un de ses parents le jour même à 16 h 30, que sa mère était en tournage et son père en rendez-vous avec un comptable, j'ai été désignée pour s'y rendre. Je pense que Greg aurait pu s'arranger autrement, j'ai décidé d'y voir une marque de confiance de sa part. Il avait constaté l'immense progrès dans mes rapports avec Colette. Il avait paru soulagé que je me sois expliquée avec elle et qu'il n'y ait plus de secret qui traîne au milieu du salon.

J'ai laissé Raoul au centre de loisirs, et je suis retournée m'asseoir dans le bureau de la directrice. Il y faisait au moins trente-cinq degrés. Un ventilateur tournant brassait bruyamment l'air chaud. Colette était là, installée sur une chaise. Elle m'a lancé un regard pétillant.

Quelle bêtise avait-elle bien pu faire ?

La directrice a enlevé ses lunettes pour se masser le nez.

« Écoutez, je voulais vous voir pour ce qui est essentiellement une question de sécurité. Vous savez qu'une partie de l'école est en travaux pour des raisons de pollution industrielle ?

– Oui, bien sûr, l'usine d'œillets, je m'en souviens.

– Et donc les élèves ont une interdiction formelle, totale et permanente de pénétrer dans certaines zones. Or Colette s'y est rendue avec une amie.

– Ah. »

Ça me paraissait assez peu grave. J'ai tenté :

« Peut-être que c'était mal indiqué.

– Oh que non ! Je peux vous assurer que les panneaux sont très clairs, y compris pour les élèves en difficulté d'apprentissage ou allophones. Ce qui n'est pas le cas de Colette. »

Je me suis tournée vers Colette. Elle a baissé la tête en signe de contrition, mais un léger sourire flottait sur son visage.

« Je voulais vous voir pour marquer le coup. Faire un exemple. Je ne veux pas que les élèves commencent à se lancer des défis consistant à pénétrer dans cette zone. Il pourrait y avoir un accident grave. Nous avons tenu à ce que l'école reste ouverte et pour cela, tout le monde doit respecter les interdits que la situation entraîne.

– Oui, bien sûr, je comprends. Je vais en reparler avec Colette.

– Très bien. Je vous en remercie. »

Elle s'est levée, je me suis levée, Colette s'est levée et nous sommes sorties. Colette frémissait d'impatience.

« J'ai un truc à te dire mais personne doit l'entendre.

– Alors, tu me le diras à la maison. »

J'ai récupéré Raoul au centre et nous sommes rentrés. À peine les enfants avaient-ils abandonné leurs cartables dans l'entrée que Colette m'a sauté dessus. Elle m'a tiré le bras en bondissant.

« J'ai trouvé j'ai trouvé j'ai trouvé !

– OK… Tu as trouvé quoi ?

– Le boé ! J'ai trouvé le boé !

– Quoi ?! »

Elle a commencé à danser dans le salon en criant, euphorique. Je me suis assise sur le canapé, j'ai tapoté à côté de moi.

« Bon, calme-toi et explique-moi tout, bien, dans l'ordre.

– Avec Anaëlle, on jouait aux agents secrets, alors on est allées dans le côté de la cour interdit.

– C'est mal.

– Oui. Mais on n'est pas restées là, y avait des trous partout. Alors on est passées par un escalier qu'avant les élèves n'avaient pas le droit de prendre.

– J'imagine que vous n'avez toujours pas le droit.

– Et on est arrivées dans une sorte de cave. Genre hyper-vieille. Et puis la gardienne nous a trouvées. Elle nous a fait remonter en criant. Et devine ce qu'elle nous a dit ?

– Je sais pas. »

Elle a essayé d'imiter la gardienne.

« Faut pas venir ici, hein ! C'est interdit, hein ! Ici c'est le casse du boé, vous n'avez pas le droit ! Des élèves dans le casse du boé, n'importe quoi ! »

J'ai froncé les yeux. C'était plutôt convaincant.

« C'est ça le boé ! C'est la cave de l'école ! Tu es contente ? »

J'ai souri, je l'ai prise dans mes bras.

« Alors avant d'être contente, je suis inquiète parce que tu as pris des risques. Je ne veux plus que tu y retournes, même si c'est bien le boé. Ensuite, oui, je suis contente, parce que tu n'es pas blessée. Et aussi parce que, j'avoue, c'est une bonne piste. »

C'était mieux qu'une bonne piste, c'était fabuleux ! Le casse du boé… Ça devait désigner l'endroit où l'école stockait le bois de chauffage. Et il était probable que c'était encore le cas dans les années 1950, ou au moins dans les années 1930, quand Raymond était enfant. Parce que la Mouche avait été élève dans cette école, et il me semblait bien que Raymond aussi.

Ensuite, j'ai écarté tout ça de mon esprit. On a fait les devoirs, on a dîné. Greg est rentré. Il a été un peu surpris par la bonne humeur régnante. Par texto, il m'avait déjà demandé ce que voulait la directrice. Je l'avais rassuré, Colette était juste allée dans un endroit interdit proche du chantier et elle avait compris qu'il ne fallait plus s'y rendre. Rien de grave.

Je ne lui ai rien dit sur le boé. Pourtant, j'en crevais d'envie. Mais je sentais que j'étais encore dans le purgatoire et qu'il était un peu tôt pour que je recommence à le saouler avec mes histoires de trésor. D'ailleurs, cette nuit-là, il est venu dormir dans la chambre, en me précisant bien que c'était parce que le canapé lui faisait mal au dos.

Le lendemain, j'ai fait des recherches. Internet avait ruiné ma vie, mais j'avais enfin un endroit relié directement à Raymond, au mot « boé » et qui collait au niveau géographique et chronologique. Mon or devait forcément être encore dans la cave de l'école, sinon on en aurait entendu parler dans la presse locale. J'ai vérifié sur Internet : aucune mention d'un trésor trouvé dans cette école. Et ça ne m'étonnait pas que les directrices n'aient jamais pris le temps de fouiller la cave à bois.

J'en ai parlé à Damien qui a validé mon hypothèse avec un brin d'excitation dans la voix.

Le lendemain à 19 heures, Lapouta est arrivé à la maison. Il avait l'air heureux. Colette lui avait dit pour le casse du boé.

« Alors ? On est riches, Cloclo ? »

On a refait le point ensemble. On était en train de vider le lave-vaisselle quand il m'a dit :

« J'ai vu l'infirmière scolaire.

– Ah. » Je suis restée figée, une assiette propre à la main. « Et ?

– Rien. Elle m'a posé des questions. »

J'ai posé l'assiette.

« Et tu lui as répondu ?

– Bah oui, je suis pas malpoli. »

Je l'ai regardé, mais il était concentré sur le tiroir à couverts.

« Je sais que tu lui as répondu. Mais est-ce que tu as été honnête sur ce qui se passe ?

– Oui.

– OK, c'est bien. Tu sais, ces gens sont là pour t'aider.

– Oui, je lui ai dit que je voulais qu'elle parle à mon père, pour l'aider. Parce que c'est lui qui va pas bien, pas moi.

– Et elle a dit quoi ?

– Elle a dit que c'était possible. Mais j'ai peur que ma mère ne soit pas contente. C'est pour elle que c'est difficile. Moi, je peux venir chez toi.

– Justement, l'idée c'est aussi de pouvoir l'aider. »

Si jamais je trouvais cet or, j'emmènerais tout le monde en voyage. Greg, Colette, Raoul et Lapouta si sa mère était d'accord. Greg avait toujours rêvé de faire une croisière sur le Nil. Et au cours de ce voyage magique, il redécouvrirait quelle femme extraordinaire j'étais et tout s'arrangerait. Je l'imaginais se levant un matin à bord du bateau qui glissait le long du fleuve, accompagné par le vol des flamants roses. Greg aurait bien dormi, nous ferions encore chambre à part, mais ce matin-là, en arrivant sur le pont du bateau, il me verrait, sublime, en robe de dentelle, le teint légèrement hâlé, en train de boire du thé dans une tasse de porcelaine, veillant d'un œil attentif et amusé sur les enfants qui mangeraient leurs tartines.

Il serait ébloui par cette femme exceptionnelle. Et redeviendrait fou d'amour.

Ensuite, j'achèterais une ferme abandonnée à la campagne et nous pourrions vivre la fin du monde à l'abri.

Mais pour en arriver là, il fallait d'abord que je pénètre dans l'école. J'ai appelé Éva pour avoir ses conseils. Je ne sais pas dans quelle mesure elle adhérait à mon histoire de chasse au trésor. Peut-être qu'elle était simplement soulagée que je pense à autre chose qu'à ma réputation de pire femme de France. Quoi qu'il en soit, elle m'expliqua que, en tant qu'institutrice de maternelle, elle n'avait pas grand-chose à faire en élémentaire. Mais il ne lui paraissait pas compliqué pour moi d'entrer dans l'établissement. Je n'avais qu'à me pointer à 16 h 30, la gardienne me connaissait, je lui dirais que j'avais rendez-vous avec une maîtresse.

Mais au lieu d'aller dans la salle des maîtres, je continuerais le couloir et puis je descendrais dans les sous-sols. Là, je devrais pouvoir arriver dans la partie en travaux, et notamment au casse du boé. Au pire, j'irais une première fois en repérage et j'y retournerais ensuite.

C'est ce que j'ai fait dès le lendemain. Malheureusement, j'allais m'engager dans l'escalier menant au sous-sol quand j'ai croisé la maîtresse de Raoul. J'ai dû lui dire : « Ah oui, tiens, qu'est-ce que je fais ici, je me suis un peu perdue, je cherchais le bac avec les vêtements oubliés, Raoul a laissé au moins trois manteaux.» Elle m'a gentiment accompagnée au bac. J'ai voulu retenter tout de suite, mais décidément, à 16h30, il y avait beaucoup trop de passages.

Le lendemain, au travail, c'était notre journée de colloque d'entreprise, on devait faire le point sur tous nos dossiers et nos méthodes. Vu ma réputation sur Internet, je n'étais pas vraiment en position de leur dire «venir travailler? Bof. J'ai un trésor à chercher moi, les gars».

Le mercredi, c'était le jour du centre de loisirs, je ne pouvais pas faire croire à la gardienne que j'avais rendez-vous avec une maîtresse.

Il m'a fallu ronger mon frein trois jours avant de pouvoir retenter ma chance. Ce jour-là, je suis arrivée devant l'entrée de l'école à 17 heures, j'ai croisé la gardienne, j'allais lui dire «j'ai rendez-vous avec une maîtresse» mais elle avait l'air de s'en ficher comme d'une guigne, elle avait des petites secousses d'excitation au niveau des épaules.

«Vous ne savez pas quoi? Ils ont trouvé un trésor! Un trésor dans l'école! C'est incroyable, non?»

J'aurais donné beaucoup pour qu'on me filme à ce moment-là. Je ne sais pas quelle tête j'ai faite, mais il devait être question de bouche ouverte. La gardienne a continué :

« Ça vous en bouche un coin, hein ? Moi aussi ! Ce sont les travaux de réfection qui ont permis de le découvrir. Il y a même de l'or dedans ! Le maire est là. »

J'ai été prise d'une envie de courir en pleurant, de me précipiter dans l'école en criant « arrêtez tout, c'est mon trésor chéri, je vous en supplie, rendez-le-moi » telle une femme de soldat mobilisé pendant la guerre.

« Mais qui l'a trouvé ?

– Ah, je sais pas trop. Les gens du chantier je pense. Moi, on me dit pas grand-chose, vous savez. »

Je suis malgré tout entrée dans l'école. Je me suis dirigée vers l'escalier qui aurait dû me mener à ma richesse mais il était barré par des bandes plastique et deux ouvriers étaient devant. L'un des deux disait :

« Si c'était moi qui l'avais trouvé, je l'aurais pas donné comme ça.

– Mais qui a pu avoir l'idée de cacher un magot dans une école ? »

J'étais perdue. Je suis allée dans la cour. J'ai vu que la seconde moitié de l'espace était masquée par des bâches. Mon trésor était là. À quelques centaines de mètres. Dans les mains d'autres personnes. Je ne pouvais pas y aller et dire que c'était à mon grand-père. Si ? Il fallait que je me renseigne. Mais vu l'origine frauduleuse du magot, je n'étais pas certaine de mon bon droit devant la justice.

J'avais de plus en plus envie de pleurer. Je me rendais compte que c'était ridicule mais, putain, après tout ce temps passé à le chercher… me rendre compte que ce trésor existait vraiment. Personne n'y avait vraiment cru à part moi. Et j'avais raison. J'avais même trouvé l'endroit où il était. Mais putain… c'était pas possible.

J'étais la pire poissarde du monde. On avait dû me faire bouffer du chat noir. Peut-être qu'en 1578 un de mes ancêtres avait doublé un mec en carriole sur le pont Saint-Jacques et qu'il avait maudit notre famille sur vingt et une générations.

C'était inouï. Bordel de merde, ça n'existait pas un manque de bol de ce niveau galactique. J'étais désespérée.

Et à ce moment-là, j'ai réalisé à quel point j'avais tout misé sur ce trésor. Ce trésor devait changer ma vie. Et maintenant, je n'avais plus d'échappatoire.

Le réel, c'est ce qui cogne. Mais le réel, est-ce que c'est aussi ce qui vous fout par terre et vous roue de coups jusqu'à vous faire vomir ?

J'ai attendu les enfants devant l'école. Colette est sortie en criant :

« Ils ont trouvé le trésor ! »

J'ai essayé de sourire.

« Oui, je suis au courant. »

Elle m'a regardée, elle attendait de savoir que penser de cette nouvelle.

« Ils peuvent peut-être te le rendre. Il est à toi quand même.

– Peut-être, mais je crois pas. Je vais voir.

– T'es triste ? »

J'avais envie de m'effondrer à terre et de fondre en larmes, pourtant j'ai continué de sourire.

« Un peu. Mais c'est pas grave. »

Elle s'est collée contre moi pour me réconforter. J'ai eu encore plus envie de pleurer. Je l'ai serrée fort. Raoul est arrivé à ce moment-là et, sans demander ce qui se passait, il s'est mêlé au câlin. On est restés comme ça un petit moment ; en termes d'enfants, ça veut dire quelques secondes.

J'ai dit :

« Le plus important, c'est qu'on a vécu une chouette aventure, tous ensemble, c'est mon plus beau trésor. »

Ouais, je me croyais en plein téléfilm. Et en même temps, c'était un peu vrai. Ils ne disent pas que de la merde dans les téléfilms.

On allait partir quand Lapouta est arrivé. Il s'est approché de moi, m'a fait un signe pour que je me penche un peu, et il m'a chuchoté à l'oreille :

« C'est dead pour le trésor, la mairie l'a récupéré. »

J'ai souri :

« Je sais. »

Il avait l'air préoccupé. Lui aussi avait dû surinvestir ce trésor. C'était également sa porte de sortie.

On est rentrés tous les quatre. Il commençait à faire trop chaud. J'avais oublié de fermer les stores dans la chambre des enfants pour la préserver de la chaleur. Il faudrait ressortir le ventilateur. La vie continuait, le réchauffement climatique aussi. Plus de ferme pour y échapper.

J'ai dit aux enfants qu'on mangerait des glaces au dessert, cris de joie, détour par le petit supermarché pour les acheter, mini-crise de Raoul qui voulait chocolat mais sans vanille mais en cornet, Colette qui s'impatientait, moi qui disais qu'il fallait fermer le capot vitré du bac à glaces s'il ne choisissait pas tout de suite, Lapouta qui me demandait s'il pouvait avoir un Calippo, moi qui disais « bien sûr », Lapouta qui prenait son Calippo, l'ouvrait et commençait à le manger, moi qui lui disais « mais non, il faut attendre d'avoir payé ! », lui qui me répondait « j'ai toujours su que t'étais vieille », Raoul qui s'était calmé et voulait bien le cornet chocolat et vanille, Colette qui entamait sa glace pour faire comme Lapouta. Moi qui râlais « c'était pour le dessert ».

On est sortis, on a marché lentement, écrasés par chaleur. Lapouta m'a dit :

« Ce soir, je dîne au restaurant.

– Ah bon ? »

Il avait l'air très fier. Il n'en disait pas plus parce qu'il voulait que je pose des questions.

« Avec qui ? Où ? Pour fêter quelque chose ? »

Son Calippo était en train de lui dégouliner sur le menton.

« Avec mes parents. On fait ça de temps en temps. Quand ça va mieux, il nous emmène au restaurant indien. Tu connais le lassi ? J'adore ça. Le lassi à la rose, c'est le meilleur. »

Il avait envie que je lui dise qu'il avait de la chance.

« T'as vachement de chance, dis donc. »

Raoul a demandé :

« Je peux avoir du lassi à la rose ? »

J'ai pensé que ça ne devait pas lui arriver si souvent, à Lapouta, d'avoir quelque chose dont il pouvait se vanter, quelque chose qui pouvait paraître désirable aux yeux des autres.

Dans l'appartement, la chaleur était étouffante. J'ai baissé les stores, on s'est mis en sous-vêtements et j'ai rempli un vaporisateur d'eau. J'avais presque oublié mon trésor.

Mais j'ai eu le temps d'y repenser la nuit. Greg est rentré tard. J'étais allongée dans le lit, une série débile tournait sur la tablette posée à côté de moi. Je ne la regardais même pas.

J'avais laissé passer ma chance. Je n'avais pas réagi assez vite. J'aurais dû y aller le mercredi. À un jour près, c'était bon. Un jour et ma vie changeait. Un jour et je n'avais plus jamais besoin de travailler et je pouvais payer des psys à toute ma famille.

C'était un traumatisme. Je ne voyais pas d'autre mot. Je vivais un traumatisme alors que je n'avais pas encore digéré celui de la vidéo des Belles-Mères anonymes.

Putain… j'avais essayé d'améliorer ma vie et, à la place, j'avais reçu des seaux de merde. C'était à croire que Dieu avait décidé de me chier dessus.

Greg est venu s'allonger à côté de moi. Il était à poil. Il m'a regardée.

« Ça va ?

– T'es au courant pour le trésor ?

– Oui. Tout le monde en parlait au bar. »

Je me suis rendu compte qu'il ne savait pas que c'était mon trésor. J'avais arrêté de lui en parler depuis un moment.

« C'est le mien, tu sais. C'est mon or.

– Je m'en doutais.

– Et bah, c'est sûr. Boé, c'était le casse du boé, dans l'école. Je l'avais découvert. Aujourd'hui, j'allais dans l'école pour récupérer le magot. Ça s'est joué à quelques heures. »

Une larme a coulé du coin extérieur de mon œil gauche. Je regardais le plafond, Greg me regardait.

« C'est pas possible d'être maudite à ce point quand même. »

Il s'est penché et il m'a embrassée.

J'étais fauchée mais j'avais de nouveau un compagnon.

Avoir un rapport sexuel extrêmement satisfaisant n'a pourtant pas suffi à me faire oublier mon malheur. Le lendemain, j'ai passé la journée à retourner cette injustice sous tous les angles. Et sous tous les angles, c'était toujours aussi injuste. *Le Gabarnais libre* annonçait qu'on ne savait pas d'où venait ce trésor mais qu'il datait sans doute de la Seconde Guerre mondiale. Le maire a fait une déclaration dans laquelle il se félicitait de cette manne qui allait permettre d'améliorer la vie de tout le monde. « C'est notre trésor à tous et toutes. » Espèce de voleur.

Et puis la vie a continué.

Je m'occupais des enfants. À ma grande joie, Raoul était sorti de sa période ramassage de merdouilles qui traînent dans le caniveau. Elle avait été remplacée par une nouvelle obsession, les oiseaux, ce qui avait entraîné une autre obsession, les jumelles. Il vivait avec sa paire de jumelles autour du cou. D'un point de vue hygiénique, c'était un progrès, mais je remarquais tout de même qu'il avait tendance à vivre trop intensément ses centres d'intérêt.

Lapouta venait moins souvent à la maison. Je ne savais pas où en était l'enquête sociale. Il m'avait dit que ses parents avaient vu des gens et que, depuis, ça allait mieux.

Un jour, je revenais du supermarché avec mes sacs de courses, j'étais dégoulinante de sueur. Les températures continuaient à battre des records de chaleur. Je venais de poser les provisions dans le hall de l'immeuble pour prendre des forces avant de me lancer dans l'ascension quand j'ai entendu la porte d'entrée s'ouvrir et une odeur d'eau de Cologne m'a enveloppée. Je me suis crispée jusqu'aux intestins. Une silhouette a avancé, m'a contournée et s'est retournée vers moi.

Le père de Lapouta me regardait avec un sourire charmeur démenti par la froideur de ses yeux bleus.

« Je peux vous aider ? »

Il désignait les sacs à terre. J'ai secoué la tête.

« Non merci, ça ira.

– Allez, entre voisins, on doit s'aider. »

C'était affreux parce que tout ce qu'il disait était susceptible d'avoir un double sens. Même sa respiration semblait sous-entendre des choses. Il continuait de sourire et mon malaise empirait, d'autant que le hall était étroit. J'avais l'impression que la chaleur émise par mon corps était en train de se mélanger à la sienne.

D'un autre côté, j'étais surprise de constater qu'il était plutôt beau gosse – même si malgré sa trentaine, il portait déjà les stigmates de l'alcoolisme, début de bide et couperose. Ses cheveux bruns, un peu grisonnants, descendaient sous ses oreilles. Il les avait plaqués en arrière avec du gel. Il était rasé de près, peut-être que ce que je prenais pour de l'eau de Cologne était en réalité de l'après-rasage. Il portait un tee-shirt blanc, un jean et des sandales en cuir. Il a pris les deux plus gros sacs et a monté l'escalier.

J'ai envisagé qu'une fois en haut il me jette dans le vide du troisième étage. Je l'ai malgré tout suivi. Combien de morts idiotes comme ça ? Combien de fois des gens se sont dit : Je ne le sens pas, je devrais m'enfuir mais j'ai peur de paraître malpoli alors je vais suivre cette personne qui va sans doute me tuer ?

Il a posé les sacs devant ma porte et il m'a regardée un peu trop longuement à mon goût. Puis il est redescendu.

J'étais incapable de déterminer si cette rencontre s'était affreusement mal passée ou avait été tout à fait normale. Et elle ne me permettait pas non plus de savoir s'il était la personne qui m'avait menacée de mort – même si je ne voyais pas comment il aurait pu récupérer une vidéo des BMA. De toute façon, depuis la parution de la vidéo, je savais qu'il ne m'arriverait plus rien. Je ne recevais plus aucun mail de menaces. Le pire était derrière moi, je le sentais. Mon ennemi s'était délecté de mon lynchage, il était désormais repu.

Les travaux à l'école se sont poursuivis. La cantine et le gymnase rénovés devaient être prêts pour la fin de l'année. Ce serait l'occasion d'une grande fête, qui ferait également office de kermesse de fin d'année. Je lisais à peine les mails envoyés à ce sujet. Dans les cahiers de liaison des enfants, je me contentais de cocher Non à toutes les propositions. Seriez-vous disponible pour animer un stand, pourriez-vous apporter des boissons, souhaitez-vous nous faire découvrir vos spécialités culinaires.

Ma mère m'appelait, mais je n'avais pas le courage de lui répondre. Je considérais que j'étais en convalescence. J'avais un deuil à faire. Celui de mes illusions perdues. J'étais la Lucien de Rubempré de la chasse au trésor. Ma mère a dû en avoir assez, elle a fini par débarquer à la maison un jeudi soir. Raoul et Colette terminaient leur dîner et on jouait au pendu en même temps. Quand j'ai ouvert la porte, j'ai été heureuse de reconnaître son parfum de Guerlain. Elle m'a prise dans ses bras et je me suis sentie plus légère. Elle est venue embrasser les enfants. Elle avait toujours été une chouette belle-grand-mère pour Colette.

« Tu veux quelque chose à boire, maman ?

– Un verre d'eau, ça suffira avec cette chaleur. Comment vas-tu, ma chérie ? »

En même temps, elle me scrutait de tous ses yeux. Elle devait être en train de calculer mon indice de masse corporelle.

« Ça va.

– J'ai l'impression qu'on ne parle plus de cette horrible vidéo de toi.»

Je me suis rappelé qu'elle ne savait pas pour mon trésor. Je ne lui avais jamais vraiment expliqué mon histoire de boé. Dans la liste de malheurs de Chloé, elle en était restée aux BMA.

Je lui fis les gros yeux en désignant discrètement Colette du menton.

«Oh, oui, pardon. Donc tu vas mieux?

– On peut dire ça.

– Et avec Greg?»

Et voilà, on était reparties sur le couple. En un sens, c'était rassurant de voir que rien ne changeait. Elle allait me dire de ne pas hésiter à le quitter ou à faire un autre enfant. Ou les deux en même temps.

«Tout va bien.

– Parfait.»

Ah. C'était tout? Elle me surprenait.

Elle se mit à fouiller dans son sac à main et en sortit une grande enveloppe cartonnée, assez chic.

«Figure-toi que nous avons une autre raison de nous réjouir.»

Elle affichait un large sourire qui m'a aussitôt inquiétée.

«Ah oui?

– Tu n'as pas été voir la Mouche récemment?

– Non, je suis désolée, j'ai pas eu le courage. Je comptais y aller cette semaine.

– Ne t'inquiète pas, pas de problème.»

Elle s'éventait avec l'enveloppe géante.

«La Mouche a eu une excellente nouvelle. Peut-être qu'elle aurait voulu te l'apprendre elle-même, mais je te le dis.

– Laisse-moi deviner. Elle a loué un coffre de cryogénisation?

– Chérie!

– OK... Alors elle a eu sa Légion d'honneur?

– Pas encore mais... l'école va être renommée en son honneur!

– Hein?»

Je ne comprenais pas.

«L'école des enfants. L'école Voltaire. À l'occasion des travaux d'inauguration du nouveau gymnase, le maire va annoncer qu'elle s'appellera désormais école Voltaire-Berthoul! C'est chic, non? Notre nom sur l'école.»

Elle avait vraiment l'air ravie.

«Ils auraient pu appeler ça école La Mouche...

– Pas de mauvais esprit, s'il te plaît. C'est important pour ta grand-mère, c'est une vraie reconnaissance de son engagement dans la vie de la communauté.

– Oui, bien sûr.

– Tu lui en veux encore ? »

Tu penses… Elle nous a menti et manipulées toute notre vie, et en prime elle a réussi à me faire passer pour la salope, alors pourquoi nourrirais-je l'ombre d'une rancœur envers elle… Ma mère était stupéfiante. Mais j'avais décidé de ne plus m'en mêler, j'ai donc fait profil bas.

« Non. Comme tu me l'as dit, ce ne sont pas mes histoires, ce sont les vôtres. Et toi, j'en déduis que tu lui as pardonné. »

Elle m'a regardée un petit moment en silence avant de me répondre :

« Je n'avais pas le choix. On pardonne à sa mère. C'était soit ça, soit j'en mourais. Ou elle. »

J'ai levé les yeux au ciel devant sa grandiloquence.

« Mesdames messieurs, au théâtre ce soir, la plus grande tragédienne de tous les temps… »

Colette et Raoul avaient quitté la table. Leurs assiettes sales étaient restées à leur place.

« Hey, les enfants, vous avez oublié de débarrasser, je crois ! »

Ils sont revenus en courant. Je me suis retournée vers ma mère.

« Ce qui m'impressionne, c'est que le harcèlement de la Mouche a fonctionné. Elle a réussi à faire plier le maire. Pourtant, il avait l'air retors. Je pensais qu'il se battrait plus longtemps. Elle est pleine de ressources, la vieille.

– Eh oui, que veux-tu. Elle a beaucoup de défauts, je te l'accorde, mais c'est une femme incroyable. L'inauguration est le 2 juillet. Tu viendras, évidemment ? C'est la kermesse de l'école de toute façon. »

J'avais une envie assez modérée de venir assister au triomphe de la Mouche, mais comme l'avait dit ma mère, c'était la kermesse de l'école, une promesse d'hyperglycémie dont Raoul parlait depuis un mois. Greg s'arrangeait chaque année pour ne pas venir, sous le fallacieux prétexte de « c'est pas ma faute si elles organisent ça un samedi après-midi ».

La tradition voulait que j'y aille avec Éva et qu'on passe deux heures adossées à un mur près des toilettes à guetter du regard les pédocriminels et à imaginer les dialogues des gens qui passaient devant nous.

Le jour dit, Éva est donc venue à la maison nous chercher. Après la chaleur étouffante de la rue, le hall de l'école paraissait incroyablement frais. Il y avait un goulot d'étranglement pour pénétrer dans la cour. Dans la foule des familles qui se pressaient, j'ai aperçu Colette avec sa mère. Andréa portait un chapeau de paille, un genre de panama que j'étais en train d'observer en pensant qu'il fallait toujours qu'elle se fasse remarquer quand son regard a croisé le mien. J'ai tenté un petit sourire auquel elle a répondu par un signe de la tête glacial. Je pouvais difficilement lui en vouloir.

Dans la cour, des guirlandes étaient suspendues aux branches de l'unique arbre. Le long des murs, il y avait des tables avec des saladiers remplis de bonbons collés les uns aux autres et des parts de gâteaux qui suintaient. Et dans les coins, les stands attendaient les enfants. Chamboule-tout, atelier maquillage, pêche à la ligne.

La kermesse devait débuter après le discours d'inauguration. La foule s'agglutinait autour de l'estrade qui avait été montée contre le mur du fond. La directrice de l'école s'activait dans tous les sens.

Et sur l'estrade, assise sur une chaise pliante, toute petite, toute frêle, trop desséchée pour transpirer, il y avait la Mouche. L'air impavide, elle regardait les gens en bas. Ma mère était debout à côté d'elle, armée d'une bouteille d'eau et d'un brumisateur.

À gauche, un drap blanc recouvrait la nouvelle plaque de l'école.

« Putain, c'est elle ta grand-mère ? s'est exclamée Éva.

– Oui.

– Mais elle est ultra-flippante ! Elle a quel âge ? Trois cent cinquante ans ? »

J'ai souri. Je me disais que finalement, tout finissait de la même manière. Le sol de l'école n'avait pas été dépollué. On s'était contenté de remettre une grosse couche étanche dessus pour enfermer la pollution. C'était pareil dans ma famille. On n'avait pas dépollué la famille. On s'était contenté d'enfouir tout ce que j'avais découvert. Ma mère avait visiblement décidé de faire comme si de rien n'était.

Ma sœur s'en foutait royalement. La Mouche avait gagné.

Il y eut un brouhaha supplémentaire et on vit M. le maire sauter sur l'estrade, en bras de chemise, un micro déjà à la main et un large sourire aux lèvres.

« Mes chers amis, quel bonheur, quelle joie de nous retrouver ici tous ensemble à l'occasion de cette belle fête. Je suis profondément heureux et ému. Heureux parce que, collectivement, nous avons su faire d'une épreuve une force. Ce qui était une mauvaise nouvelle, la pollution d'une partie du site, est devenue l'occasion pour nous tous d'améliorer nos vies grâce à la rénovation totale des infrastructures sportives de l'école. Vous les découvrirez tout à l'heure mais sans vouloir trop en dire, je peux déjà vous assurer que les amateurs d'escalade seront comblés…

« En plus, ces travaux, vous le savez, nous ont permis de trouver un trésor. Quelle belle surprise la vie nous réservait là ! Qui aurait cru, lors de notre réunion d'information de janvier, alors que des craintes légitimes s'exprimaient, que ces travaux seraient l'occasion de nous enrichir, au sens propre ! J'ai choisi de mettre en place une consultation citoyenne pour que nous décidions tous ensemble quels projets cette manne va permettre de financer. »

Il fit une pause, juste le temps pour mon cerveau de le traiter une nouvelle fois de voleur. Il sortit de sa poche une feuille pliée.

« Et je suis également ému. Ému parce qu'aujourd'hui, c'est l'occasion de rendre hommage à l'une des plus fortes personnalités de notre ville. Une femme exceptionnelle. Une femme qui a su changer la vie de générations de Gabarnais. Une femme d'engagement, une femme de conviction. Une femme de persuasion aussi. »

Là, il se tourna de trois quarts vers la Mouche avec un sourire taquin. Elle se tenait le buste droit, le menton levé.

Le ciel était d'un bleu sans nuages et un oiseau glissa loin au-dessus de nos têtes.

Le maire allait reprendre son éloge de ma grand-mère quand un cri résonna dans la cour. Il semblait venir d'en haut. Tout le monde leva la tête. Une immense banderole se déroula alors depuis le toit de l'école jusqu'au deuxième étage. On pouvait y lire en lettres rouges sur fond blanc STOP AU MATRIARCAT, LE CUH VAINCRA.

Plusieurs hommes étaient debout sur le toit de l'école; l'un d'entre eux tenait un porte-voix qui se mit à grésiller pendant qu'il criait dedans:

«Ceci est une intervention du Collectif uni des hommes. Parce que nous en avons assez de cette société féminisée, de cette société gangrenée par la haine des hommes. Et cette ville en donne un nouvel exemple en récompensant encore une fois une femme. Nous, les hommes, sommes devenus les coupables idéals. Nous sommes sacrifiés au nom de cette idéologie que vous appelez le féminisme.»

Éva demanda à Raoul ses jumelles. Après quelques secondes, elle me les tendit. «Putain, regarde qui c'est.»

Je pris les jumelles; j'eus un peu de mal à les régler mais d'un coup, je vis le visage du mec au porte-voix. C'était l'homme à la tête de soupe à la tomate. Celui avec lequel on s'était embrouillées à la réunion d'information de janvier sur la pollution.

Merde.

J'observai les autres silhouettes à ses côtés et l'une d'entre elles m'était familière. Je mis quelques secondes à le resituer. Je le connaissais, j'en étais certaine. C'était… c'était Jean-Jacques Rousseau ! Enfin… Clément Jean-Jacques Rousseau. Le beau-père qui venait donner des leçons d'éducation aux réunions des BMA cet hiver.

Il était au CUH. Il était avec l'homme-tomate.

Mon cerveau dut faire un effort pour pousser son raisonnement plus loin. C'était donc forcément le connard qui m'avait filmée.

« Éva ! Il est avec un mec des BMA !

– T'es sûre ?

– Certaine ! Celui à sa droite ! Il est venu cet hiver. Il était plus chiant qu'une teigne. »

Elle tira sur sa vapoteuse.

« Eh bah, on n'a plus besoin de chercher qui t'en veut. Le CUH avait sûrement déjà infiltré votre club cet hiver pour vous filmer. Et quand le mec à la tomate t'a reconnue, il a décidé de te faire la misère.

– Mais… »

Mais je n'avais rien à ajouter. Le mystère était résolu. C'étaient eux qui avaient transformé ma vie en enfer. Ces pauvres types. Des mecs quelconques avec un pouvoir de nuisance démesuré.

Je fixai intensément l'homme-tomate. J'aurais voulu monter sur le toit et le pousser dans le vide.

La voix de M. le maire retentit:

« Messieurs, veuillez cesser immédiatement cette action et descendre de ce toit. Vous mettez en danger vos vies et celles des personnes présentes en bas. »

La foule, éblouie, plissait des yeux pour suivre alternativement le maire sur l'estrade et le CUH sur le toit. Le grésillement reprit:

« Nous ne nous tairons plus ! Le CUH vaincra ! Il est contre nature d'enlever aux hommes la place qui a toujours été la leur ! L'école Voltaire doit rester l'école Voltaire et ne pas se voir entachée par l'ajout du nom d'une femme qui depuis des dizaines d'années a eu pour but d'éliminer les hommes de Gabarny ! »

Je me tournai vers la Mouche. Elle n'avait pas bougé, elle était inébranlable. En revanche, ma mère semblait s'agiter à côté d'elle. Belle ironie de la situation. Malgré tout ce qui avait pu nous opposer ces derniers temps, la Mouche et moi, nous nous retrouvions avec un adversaire commun. Raoul me tira par la manche.

« Qu'est-ce qui se passe ?
– Tu vois les quatre hommes en haut, sur le toit ? »
Il hocha la tête.
« Eh bien, ce sont quatre abrutis qui m'ont fait beaucoup de mal et qui maintenant s'en prennent à la Mouche parce qu'ils détestent les femmes.
– C'est super sexiste ! s'écria-t-il. Je peux les regarder avec mes jumelles ?
– Bien sûr. »
Je lui rendis les jumelles.
Le service de sécurité du maire avait réussi à grimper à son tour sur le toit, mais il ne semblait pas parvenir à négocier avec le CUH.
En plein soleil, on avait tous beaucoup trop chaud, la sueur coulait le long des aisselles, les pieds gonflaient dans les sandales.
Quelqu'un cria : « Merde, ils se sont menottés aux cheminées ! » et il y eut un soupir d'exaspération général.
Le public se tourna vers le maire. Il gardait son sourire imperturbable.
« Écoutez, mes chers amis, je crois que la situation est actuellement bloquée. Je vous propose de

quitter la cour de l'école par mesure de sécurité. Nous allons nous diriger vers le nouveau gymnase et la cantine, en espérant que les festivités pourront bientôt reprendre.»

La directrice indiquait déjà à tout le monde le chemin vers le bâtiment rénové et le troupeau des familles s'y engouffrait docilement, impatient de se mettre au frais.

Je demandai à Éva de garder Raoul pendant que j'allais voir ma famille. Je me faufilai à contre-courant de la foule pour rejoindre l'estrade. Ma mère se précipita vers moi.

«Mais qu'est-ce que c'était que ça? Tu connais ce collectif?

– Oui, malheureusement. Un groupe de connards. La Mouche va bien?»

D'un même mouvement, nous nous sommes retournées pour évaluer son état. Elle était toujours assise sur sa chaise pliante. L'espace d'un instant, j'ai pensé Si ça se trouve, elle est morte depuis vingt minutes et personne n'a remarqué, mais le maire s'est penché pour lui parler et elle a levé la tête. Ils ont échangé un sourire complice et quelques mots que je ne pouvais pas entendre.

C'était bizarre.

Il n'y a pas si longtemps, le maire était exaspéré par son harcèlement, c'était la guerre entre eux, et non seulement elle avait fini par obtenir ce qu'elle voulait mais en prime, ils étaient devenus potes. Le maire tendit le bras et la Mouche l'attrapa pour se lever. Un adjoint municipal arrivait avec une petite chaise roulante. Deveillac aida ma grand-mère à s'installer dedans. Quelle sollicitude de sa part…

Ce geste, j'allais le repasser dans ma tête toute la soirée. Évidemment, je ne m'attendais pas à ce que le maire laisse une quasi-centenaire se démerder toute seule pour descendre de l'estrade mais je butais sur la complicité qu'il y avait eu entre eux quand ils s'étaient parlé.

J'étais avec Éva et Raoul à la terrasse du Tournesol. On mangeait en silence des tartines de thon froid. Raoul jouait avec un yoyo lumineux qu'il avait gagné à la pêche à la ligne.

Finalement, le CUH avait été délogé, le maire avait fini son discours, le drap était tombé révélant la plaque École Voltaire-Berthoul, la kermesse avait suivi.

Éva s'essuya la bouche avant de résumer :

« Le dossier pollution de l'école, c'est réglé. Ton trésor, c'est réglé. Tes embrouilles familiales, finies. T'es devenue la meilleure belle-mère de France. Et le mystère de ta vidéo est résolu. C'est une bonne fin. »

Elle frotta ses mains pour se débarrasser des miettes. Je bus la dernière gorgée de mon jus d'orange.

« Oui. De tous les mecs présents en janvier, il a fallu qu'on s'embrouille avec un militant masculiniste.

– En même temps, avec qui d'autre voulais-tu qu'on s'embrouille ?

– Pas faux. »

Mon verre était vide, mais il restait un glaçon à moitié fondu au fond. Je levai la tête pour le faire tomber dans ma bouche et croquer dedans.

« Donc tout est pour le mieux, reprit Éva.

– Je suis pas certaine. Il y a encore un truc qui me perturbe.

– Développe.

– Et bah, le maire se plaignait de la Mouche. Il a tout fait pour se débarrasser d'elle et il a suffi qu'elle donne une interview pour que tout soit réglé? Ma mère m'a dit qu'il allait proposer son nom pour la Légion d'honneur. Et en plus, il renomme l'école en son honneur... Ça fait beaucoup quand même. C'est plus que ce qu'elle demandait au départ. Et puis, ils ont l'air d'être devenus copains comme cochons.

– Elle a dû magouiller quelque chose. Je sais que c'est pas facile pour toi, mais franchement, la Mouche, je l'admire trop. Cette meuf, c'est mon héroïne. »

J'avais besoin d'en avoir le cœur net. Je décidai d'appeler ma mère pour lui demander si elle avait parlé du message au sujet du « boé » à la Mouche. Elle prit une voix dégagée pour me répondre : « Oh oui, c'est possible... J'ai pu l'évoquer. Je crois qu'elle m'avait posé des questions sur ce que tu avais trouvé à Lille. »

J'étais convaincue que la Mouche avait compris avant moi à quoi renvoyait le message de Raymond et qu'elle avait averti le maire en échange de sa Légion d'honneur.

Ça ne changeait plus rien mais je voulais savoir. Il fallait que l'entièreté de cette histoire soit tirée au clair. Je me suis donc retrouvée aux Mimosas, où la clim était réglée sur vingt degrés. Pour un peu, j'aurais frissonné. Je suis entrée dans son studio, j'ai embrassé sa joue duveteuse et puis tout a été comme d'habitude. Comme si de rien n'était. Je l'ai félicitée pour ses récentes victoires, en particulier l'école à son nom. Elle était sincèrement ravie. Elle a pris un chocolat et elle m'a tendu la boîte.

« Tu en veux ?

– Non merci, c'est gentil. »

C'était le bon moment.

« Je peux te demander un truc ? »

Elle a hoché la tête en mâchant.

« C'est toi qui as prévenu le maire pour le trésor de Raymond ? Tu savais ce que c'était le boé… »

Elle continuait à mâcher, mais elle souriait. Elle a dégluti avant de commenter.

« Pas complètement gâteuse, la vieille, hein ?

– En effet…

– Tu veux que je te dise autre chose ?

– Ouais, vas-y. »

J'avais pris un ton assuré mais, en réalité, je n'étais pas certaine d'être en état de supporter une nouvelle révélation.

« J'avais envoyé un ami fouiller le domicile de l'autre crétin quand tu es partie à Lille.

– Attends… Tu plaisantes ? Tu parles du type qui est entré par effraction dans l'appart ? »

Elle plissait les yeux de plaisir.

« Mais il sortait d'où, cet ami ? »

Elle était capable d'être allée chercher un Tchétchène dans un quelconque centre de rétention. À moins qu'elle n'ait payé son infirmier pour des heures sup.

« Tatata… Je ne vais pas te dévoiler tous mes secrets. »

Elle était définitivement trop forte pour moi. Je levai la tête vers les photos accrochées au mur. Il y avait un beau portrait de ma mère à douze ans, pris sans doute chez un professionnel. J'essayais d'accepter tout ce qui s'était passé, tout ce que la Mouche m'avait fait perdre, et c'était difficile. J'avais encore besoin de lui faire remarquer qu'elle m'avait trahie.

« Mais tu n'as pas pensé que cet argent, il pourrait être utile à ta famille ? À nous ? »

Elle a donné un coup sur l'accoudoir avec la paume de sa main.

« Cet argent est sale. Maudit. Il ne fallait pas y toucher. Et puis, il n'est pas à nous. Il ne l'a jamais été. On ne l'a pas gagné. Autant qu'il aille à la ville. »

Je n'allais pas lui parler catastrophes climatiques et nécessité d'acheter un bien immobilier, elle ne comprendrait pas. Mais elle a perçu mon amertume. Elle a tenté de me consoler.

« Tu n'en avais pas vraiment besoin de cet argent. Tu avais seulement besoin de trouver un sens à ta vie.

– Oui, tu as raison. »

J'avais décidé de la laisser gagner. Mais elle a ajouté une chose qui, je crois, se voulait gentille. Elle m'a dit :

« Tu sais, c'est aussi ton nom. »

Je savais évidemment que c'était mon nom de famille qui trônait désormais au-dessus de la porte de l'école. Mais c'était la première fois que la Mouche le verbalisait. Elle qui m'avait toujours exclue de son histoire, de nos histoires familiales, ce jour-là, elle m'a dit que j'en étais. J'en faisais partie. J'étais héritière de tout ça : les merdes, la boue, les victoires, les défaites, les accomplissements. Elle me les léguait, et ce serait à moi de décider ce que j'en ferais.

Lou aurait détesté cette phrase. Elle m'a apaisée. C'était aussi mon nom. Voilà. C'était comme ça.

La Mouche a tendu le bras vers sa bibliothèque.

« Tu peux m'apporter l'album ? Le bleu ? »

Je me suis levée pour aller chercher le vieil album photo. Elle l'a posé sur ses genoux et l'a ouvert en me faisant signe de me rapprocher. Elle a posé son index noueux sur la photo d'une jeune fille.

« Elle, c'est ma mère.

– Ah ouais ? Elle était belle.

– Elle était formidable. »

La Mouche souriait, l'air pensif. Et puis, elle est partie dans un grincement de rire.

« J'en aurais des choses à te raconter... Si tu savais tout ce qu'elle a vécu, tu ne me croirais pas ! »

J'ai posé ma main sur son bras décharné et j'ai répondu :

« Je te crois. »

Les enfants étaient en vacances mais Greg et moi n'avions pas de congé avant le mois d'août. Andréa prenait Colette avec elle en juillet, je savais qu'elle me manquerait. Raoul irait au centre de loisirs. Lapouta devait partir avec ses parents à la mi-août.

En attendant, il traînait dans le quartier, entre la piscine et le skate park. Il devait entrer en sixième en septembre, mais comme d'habitude, il faisait comme si cet adieu à l'enfance ne le stressait pas.

Juillet s'est passé avec ses épisodes de canicule et ses incendies. Je profitais de la clim du bureau pour consulter toutes les annonces de maison de campagne à des prix raisonnables. J'avais décidé de relancer mon projet, quitte à acheter une maison avec pas mal de travaux à faire. Damien s'était dit prêt à y mettre de l'argent. Ma mère allait essayer de nous aider également. Tout n'était pas perdu.

Dès le 1er août, nous avons récupéré Colette et nous sommes partis en Bretagne, dans une location que j'avais trouvée vers Dinard.

Le 16 août, nous sommes rentrés. On est arrivés en bas de l'immeuble avec nos valises et du sable dans les chaussures. On a commencé à les monter dans l'escalier quand Greg, qui était en tête, s'est arrêté. Je lui ai demandé ce qui se passait. Il ne m'a pas répondu. J'ai gravi quelques marches de plus. Devant la porte de Lapouta, il y avait les scellés de la police.

Je me suis effondrée. Au sens littéral. Colette a commencé à pleurer, sans que nous sachions ce qu'elle comprenait ou pas. Greg a fait monter les enfants, il les a rassurés et les a couchés. Et puis il est revenu me chercher. J'étais assise dans l'escalier, face à la porte.

Je n'avais jamais ressenti une souffrance aussi insupportable que celle-là. Greg m'a prise par les épaules. Le reste est flou. On a appelé le commissariat pour savoir ce qui s'était passé mais on n'a pas eu de réponse. On a cherché sur le site du *Gabarnais libre*. Un article de quelques lignes évoquait une tentative de féminicide dans notre quartier, la veille. L'homme avait été incarcéré, la femme était à l'hôpital. Il n'était pas question de garçon de onze ans.

Le lendemain, le commissaire de police qui avait pris ma déposition concernant les voisins arnaqueurs m'a rappelée. Il y avait eu une tentative d'homicide. Le père de Lapouta avait attaqué sa compagne avec un couteau de cuisine. Elle avait une dizaine de blessures. Elle était dans un état grave mais ses jours n'étaient pas en danger.

Lapouta avait assisté à l'agression. Il s'était réfugié dans la salle de bains et avait appelé les secours avec son téléphone portable. J'ai eu envie de crever quand le flic m'a dit ça. Rien que d'imaginer ce qu'il avait traversé seul.

Je demandai où il était. Je voulais aller le voir immédiatement. Je devais le voir. J'en avais un besoin vital. Mais ce n'était pas si simple. Il était à l'hôpital pour des évaluations psychologiques. Là-bas, on m'a expliqué qu'il était en état de choc, pris en charge par des professionnels. Je ne faisais pas partie de la famille, alors c'était difficile de faire valoir mon droit de le voir.

Ses grands-parents maternels allaient débarquer de la Martinique. Ils subiraient eux-mêmes une évaluation psychologique avant d'être autorisés à récupérer leur petit-fils.

J'étais arrivée soixante ans trop tard pour sauver la Mouche. Et un jour trop tard pour Lapouta.

Est-ce que, parfois, on réussissait vraiment à sauver les gens ? Est-ce qu'au bout du compte les victimes ne devaient pas toujours se débrouiller seules ?

À quatre-vingts ans d'écart, Lapouta et la Mouche avaient été victimes de la même violence, celle qui se cache derrière les portes closes, dans les replis de ce qu'on appelle la vie privée.

C'était un vieux slogan féministe : l'agresseur ne sonne pas, il a la clé.

J'essayais de ne pas m'attarder sur le fait que j'étais peut-être en train de construire un château de sable pendant que Lapouta voyait son père poignarder sa mère. À moins que ça n'ait été à l'heure de l'apéro, quand on avait commandé des crevettes à grignoter.

Si on était rentrés un jour plus tôt, il serait venu nous voir dès les premiers cris. Mais personne n'était venu le sauver.

Quand on était un enfant, on devait toujours penser que quelqu'un allait arriver à temps. Comment on grandissait quand on avait vécu cette expérience ? Quand on avait été en danger et que personne n'était venu ? Que faisait-on avec ce savoir-là ? Quelle vie construisait-on à partir de cette expérience d'abandon absolu ?

Je connaissais la réponse. Je l'avais vu avec la Mouche. On pouvait parler de résilience autant qu'on voulait, mais la vérité, c'est qu'une partie de lui demeurerait à jamais dans cette salle de bains. Comme une partie de la Mouche était restée prisonnière de la chambre conjugale. On se dédoublait, on continuait sa vie, avec plus ou moins de difficulté, mais même dans les cas les plus heureux, les victimes vivaient de façon simultanée dans deux espaces-temps. Une version d'elles-mêmes coincée dans l'horreur, tandis que l'autre poursuivait sa vie, riait, aimait, se séparait.

Je suis repartie à l'hôpital le lendemain. On m'a appris qu'il m'avait désignée comme tiers de confiance. C'était l'expression administrative. Il souhaitait me voir.

En entrant dans la salle de repos, je tremblais comme jamais de ma vie. Mais il était là, et il était vivant. Je l'ai serré et j'ai pleuré parce que je l'avais lâché et que je n'aurais jamais dû le lâcher. Je le savais pourtant. Comment j'avais pu partir en vacances comme ça? Sans réfléchir? Il m'a serrée fort aussi. Je suis restée une heure, mais je ne pouvais pas lui parler. Dès que je commençais une phrase, j'étais rattrapée par les larmes. Il a pleuré aussi. On est allés jusqu'au distributeur automatique, on a acheté des M&M's et on les a mangés, collés l'un à l'autre, en regardant des vidéos de youtubeurs sur mon téléphone.

Le jour suivant, ses grands-parents l'ont récupéré. Il était hors de question qu'ils aillent dans l'appartement. Une collègue de leur fille les hébergeait. La psychologue qui s'occupait de Lapouta m'a promis qu'elle leur transmettrait mes coordonnées.

Ensuite, j'ai attendu. Mes journées étaient noyées dans le brouillard malgré la chaleur et le soleil. Ma mère avait accepté de garder les enfants pour me décharger. Greg allait et venait entre les travaux au Bouliste, qu'il voulait finir avant la réouverture, et les moments à la maison avec moi.

Éva était partie faire une retraite silencieuse dans un monastère en espérant trouver la sérénité ; elle était injoignable.

Finalement, les grands-parents m'ont proposé de passer les voir. Assis sur un canapé en similicuir marron, ils m'ont remerciée et ça m'a encore plus retourné le bide. Leur fille avait subi plusieurs opérations. Elle était vivante, mais elle garderait des séquelles physiques. Ses jambes avaient été touchées, ainsi que son bras droit. Les grands-parents attendaient qu'elle sorte de l'hôpital pour l'emmener avec le petit à la maison.

Je n'ai pas compris tout de suite. La maison, elle était en Martinique. Évidemment.

Ils voulaient ramener leur enfant chez eux, en sécurité, loin de Gabarny.

Greg a passé la nuit suivante à m'écouter délirer. J'échafaudais tous les plans possibles pour que Lapouta ne quitte pas Gabarny, comment on pourrait se proposer comme famille d'accueil, obtenir un agrément ; c'était ici qu'il était inscrit pour la sixième, il avait visité le collège, il avait besoin de repères stables.

Greg m'écoutait en silence. Il attendait que je me raisonne moi-même et il ouvrait ses bras quand je craquais. Je criais que je ne voulais pas qu'on m'arrache cet enfant, que je ne pourrais pas supporter qu'il soit loin. La nuit fut longue.

Au matin, j'étais fracassée de fatigue mais j'avais accepté qu'il n'y ait rien à faire. Bien sûr qu'il allait partir avec ses grands-parents et sa mère. Peut-être même que s'éloigner de Gabarny lui ferait du bien. Je m'accrochais à l'idée que ça ne serait que provisoire. Sa mère guérirait, elle voudrait revenir. Le lycée de Gabarny avait une bonne réputation.

Ensuite, il a fallu le revoir en sachant que c'était la dernière fois avant qu'il parte. Raoul avait fait des dessins pour lui et Colette lui avait préparé un sac pour le voyage. Elle y avait glissé son puzzle préféré, le tome 1 de *Harry Potter* et des bonbons.

Je lui avais acheté un nouveau jeu pour sa console portable. J'avais également imprimé des photos de nous prises à Lille.

J'évitais de lui poser des questions trop difficiles, du type comment tu vas ou tu penses quoi d'aller là-bas. En réalité, c'est lui qui m'a posé une question :

« Tu vas venir me voir ? »

Putain... je n'avais même pas pensé à ça. J'allais venir le voir, bien sûr. Il m'a dit :

« J'ai plusieurs combines pour trouver des billets moins chers, je t'expliquerai. »

Je suggérai qu'il pourrait aussi venir pendant des vacances. Je savais que nous perdions la vie quotidienne que nous avions partagée. Mais je n'étais pas prête à en faire le deuil. Dans mes moments les plus optimistes, je pensais qu'il viendrait vivre avec nous pour ses études supérieures.

En réalité, j'allais être face à un choix. Je pouvais laisser le temps couler, et nos relations se distendre, au bout de six mois, d'un an ou de deux. Ou alors je pouvais décider de maintenir notre lien à tout prix. Je pouvais lui donner rendez-vous par visio tous les jours, ou toutes les semaines, on se raconterait nos journées, comme avant. Bien sûr, peut-être qu'à un moment il ne voudrait plus me voir, peut-être que je lui rappellerais des souvenirs trop douloureux, peut-être qu'il couperait les ponts du jour au lendemain. Ou peut-être que simplement il s'éloignerait, comme tous les ados, ne répondant qu'une fois sur cinq, parlant par monosyllabes, l'air saoulé et appelé ailleurs par sa vie.

Mais j'attendrais. J'attendrais qu'il change d'avis. Je serais là, disponible, quelque part. Comme le sont les parents ou les amis véritables.

Début septembre, c'était la rentrée. Andréa avait décroché un rôle important dans un film, elle était partie pour un mois de tournage. J'étais heureuse d'avoir Colette à la maison pour une longue période. La veille de la rentrée, on a vérifié les cartables. Le lundi matin, je les ai accompagnés à l'école. Raoul était fier de devenir un CE1, il n'était plus le petit. Colette devenait une CM2, c'était sa dernière année dans l'école. Je me disais qu'il fallait en profiter et que l'adolescence ne serait sans doute pas de tout repos pour notre relation.

J'ai pris le bus pour aller au travail. Il était 4 heures du matin à la Martinique, un peu tôt pour envoyer un message à Lapouta. Il m'avait promis qu'il m'appellerait en sortant du collège, il serait 21 heures pour nous.

Je regardais par la vitre les rues de Gabarny. La veille, Greg m'avait suggéré qu'il serait peut-être temps de déménager. « C'est pas que je sois superstitieux, mais cet immeuble a pas l'air de porter chance à ses habitants. » Déménager pour aller où ? À la Martinique, à Barcelone, à la campagne ? Gabarny défilait devant moi. Peut-être qu'un jour, je partirais.

J'ai envoyé un message à Greg : « Tu as raison, on devrait déménager. Mais on reste dans le quartier. »

J'ai porté cette histoire pendant huit ans mais si vous avez ce livre entre les mains, c'est une nouvelle fois grâce à l'équipe de L'Iconoclaste.

Adèle, Alexandra, Lise, Alice, Isabelle et Nathalie, vous êtes des magiciennes. Et aussi nos repré chéris, Élise, Katia, François-Marie, les deux Charlotte, Christelle, Laure, Diane, Camille.

Merci au comité éditorial de choc qui s'est penché sur ce livre : Sylvie, Constance, Alba, Thomas et Laurent. Vous avez amené le texte un cran bien au-dessus grâce à vos relectures, vos suggestions et vos encouragements.

Laurent, en particulier, merci pour ton écoute et ton implication. C'était particulièrement précieux dans ces circonstances, mais tu le sais.

Un merci également à Marie-Laure, ma merveilleuse.

Merci au trio de l'agence, Ariane, Laura et Josée.

Et puis évidemment à l'homme qui, dans l'ombre, supprime les adverbes et remonte le moral.

Et enfin merci aux libraires, de Brest à Marseille, en passant par Bruxelles et Namur, les livres existent grâce à vous. (Les miens en tout cas.)

Julie, Fanny, Bérangère, Guillaume, Ayla, Solveig, Amanda, Nicolas, Valérie, Aurèle, Sandie, Camille, Mikael et Virginie, Rémi, Renny, Marie, Théodore, Juliet, Ariane, Juliette, Annabelle, Salomé, Ophélie, Émilie, Julie, Karine, Marie-Ève, Caroline, Guillaume, Manon, Mathilde, Pauline. Et tous et toutes les autres.

La traduction du poème de Lewis Carroll est celle de Henri Parisot.

Pour finir, toute fiction s'inscrit dans une réalité : d'après un rapport de 2018, en France, 400 000 enfants vivent dans un foyer où s'exercent des violences intra-familiales. En cas de doute, n'hésitez pas à contacter le 119, des professionnelles vous répondront.

De la même autrice

Kata Sutra, la vérité crue sur la vie sexuelle des filles,
avec Nadia Daam, Emma Defaud, Élisabeth Philippe
et Johana Sabroux, Jacob-Duvernet, 2009

Encyclopédie de la web culture,
avec Diane Lisarelli, Robert Laffont, 2011

Les Morues,
Au Diable Vauvert, 2011 ; Le Livre de poche, 2013

Sans télé, on ressent davantage le froid,
Fayard, 2014 ; Le Livre de poche, 2015
(sous le titre *Chroniques de la débrouille*)

La Théorie de la tartine,
Au Diable Vauvert, 2015 ; Le Livre de poche, 2016

Libérées ! Le combat féministe se gagne devant le panier de linge sale,
Fayard, 2017 ; Le Livre de poche, 2019

Honoré et moi,
L'Iconoclaste, 2019 ; Le Livre de poche, 2021

Les Grandes Oubliées,
L'Iconoclaste, 2021 ; Proche, 2023

Comment apprendre à manipuler ses parents en une semaine,
Nathan, 2023

En vacances, Simone ! Cahier d'exercices féministes,
avec Charline Vanhoenacker, Denoël, 2023

Le Couple et l'Argent,
L'Iconoclaste, 2023

Les femmes aussi ont fait l'Histoire,
Les Arènes Jeunesse, 2023

IMPRIM'VERT®

PEFC™ 10-31-3068

L'ensemble de cet ouvrage a été réalisé dans le respect des règles environnementales en vigueur. Il a été imprimé par un imprimeur certifié Imprim'vert, sur du Lac 2000 PEFC pour l'intérieur et une carte Crescendo PEFC pour la couverture.

Achevé d'imprimer en février 2024 chez Déjà Link à Stains
(Seine-Saint-Denis) pour la couverture et la bande, et chez
CPI Bussière à Saint-Amand-Montrond (Cher) pour l'intérieur.

ISBN : 978-2-37880-435-0
Numéro d'impression : 2076089
Dépôt légal : Avril 2024

En France, un livre a le même prix partout.
C'est le « prix unique du livre » instauré par la loi de 1981
pour protéger le livre et la lecture.
L'éditeur fixe librement ce prix et l'imprime sur le livre.
Tous les commerçants sont obligés de le respecter.
Que vous achetiez votre livre en librairie, dans une grande surface
ou en ligne, vous le payez donc au même prix.
Avec une carte de fidélité, vous pouvez bénéficier d'une réduction
allant jusqu'à 5 % applicable uniquement en magasin
(les commandes en ligne expédiées à domicile en sont exclues).
Si vous payez moins cher, c'est que le livre est d'occasion.